# 清代學術研究續編

胡楚生 著

[illegible]培深敬署

臺灣學生書局印行

# 自敘

《清代學術史研究》一書，出版於民國七十七年，所收拙稿，凡二十二篇，刊刻至今，則已六載於茲，六載以還，移其精力，草成《古文正聲》、《韓柳文新探》、《老莊研究》等書，其於清代學術思想之探究，僅能得稿九篇而已，此九篇也，研索重點，偏重於清代中期以迄清代末葉之學術思想，所涉及者，有乾嘉樸學之音韻訓詁考據，道光前後之春秋今文家言，漢宋學術之調和會通，朱陸思想之爭執評議，晚清變法圖存之自強運動，以及清末排滿革命之鼓吹倡導等等，九篇粗就，方將繼此有作，而友朋相詢，促先付梓，以供參稽，因遂合其附錄兩篇，纂爲《續編》一書，鋟版印行，大雅君子，幸惠教益，則是衷心感謝者也。

中華民國八十三年十月二十五日　**胡楚生**　謹識於國立中興大學文學院

# 清代學術史研究 續編

## 目次

附 錄

# 一 段玉裁與王念孫之交誼及論學



## 甲 引言

清代樸學之盛，必首推吳皖二派，吳派以元和惠周惕、惠士奇、惠棟祖孫爲代表，皖派則始自休寧戴震，戴氏弟子，最知名者，則爲金壇段玉裁與高郵王念孫二人。段玉裁與王念孫，同出戴君門下，俱享高年，學術湛精，各具成就，段氏所撰《說文解字注》，王氏所撰《廣雅疏證》，其在清儒著述之中，尤深受世人所推崇。

本文之作，意在探索段王二人交往之經過，學術之論究，以及情誼之深篤，以供知人論世之參考焉。

## 乙 交往經過

段玉裁生於清雍正十三年（西元一七三五年），王念孫生於清乾隆九年（西元一七四四年），段氏長王氏九歲。❶

乾隆二十一年（西元一七五六年），戴震三十四歲，在京師，館於吏部尚書王安國家，安國之子念孫，時年十三，從戴君問學受經，念孫嘗問戴君：「弟子將何學而可？」戴君沉思久之，曰：「君之才，竟無所不可也。」

乾隆二十八年（西元一七六三年），戴震年四十一歲，春季，入都會試，不第，居新安會館，當時好學之士，如汪元亮、胡士震等，皆從戴君講學，段玉裁時年二十九歲，適在京城，亦從問業，是年夏，戴君南歸，乾隆三十一年（西元一七六六年），段氏以札問安，自稱弟子，戴君覆函謙辭，有云：「古人所謂友，原有相師之義，我輩但還古之友道可耳。」乾隆三十四年（西元一七六九年），段氏年三十五歲，入都會試，謁見戴君於新安會館，東原始許以師弟相稱，故段氏之從學東原，反較王氏爲晚也。

乾隆四十二年（西元一七七七年）五月二十七日，戴君東原卒，享年五十五歲，時段氏已四十三歲，嗣後，雖至耄耋，稱東原，必垂拱立，朔望，必莊誦戴君手札一通，其尊敬有如此者。

乾隆五十四年（西元一七八五年），段氏玉裁年五十五歲，八月，赴北京，時王氏念孫，年四十六歲，任京畿道監察御史，仲秋，段王二人，晤於京師，快談一切，尤恨相見之晚也。❷

段王二人，同出於戴君門下，早年雖未嘗謀面，然而彼此慕名已久，自乾隆五十四年，在京城相晤見面，往後二十餘年之間，二人遂密切往還，同心一致，爲發揚戴君之學術，而共同戮力焉。

## 丙　學術研究

段王二人，遲至乾隆五十四年（西元一七八五年），始得相晤，時段氏年已五十五歲，王氏亦已四十六歲矣，然而段王二人，同出戴君門下，在此之前，固已彼此欽慕，聲氣相聞，雖則未嘗見面相晤，而彼此之間，學術影響，實已存在，至於相晤之後，則學術探究，關係亦尤爲密切焉，以下區爲三事，分別說明。

### 一、關於《說文》者

乾隆四十一年（西元一七七六年），段氏年四十二歲，始作《說文解字讀》，是年也，王氏年三十三歲，亦始作《說文》之注，且嘗續成二卷，嗣見段氏之書，遂不復作焉，乾隆五十九年（西元一七九四年），段氏六十歲，《說文解字讀》長編已成五百四十卷，是年起，遂將《說文解字讀》，隱括其義，以作《說文解字注》，期於五六年內，成此一書。❸

嘉慶六年（西元一八〇一年），段氏六十七歲，體弱得病，恐《說文》之注難成，嘗欲請念孫之子引之，終成其事，嘉慶七年（西元一八〇二年），段氏六十八歲，致書王引之，告以《說文注》尚缺十卷，請以踵完，其時，王引之年方三十七歲，爲貴州鄉試正考官，學問名聲，聳動一時，前此數年，段氏與劉端臨書，亦云：「訓詁之學，都門無有好於王伯申者。」❹故至是年，乃有倩王引之以成《說文注》之想也。

嘉慶九年（西元一八〇四年），段氏七十歲，有與王念孫書，自謂「弟七十餘耳，乃昏眊如八九十者，不能讀書」，因有「拙著不能成矣」❺之感慨。

嘉慶十一年（西元一八〇六年），段氏七十二歲，四月初三，又與王念孫書，求爲《說文解字注》作序，書中嘗謂：「《說文注》近日可成，乞爲作一序」，又謂：「近來後進無知，咸以謂弟之學，竊取諸執事者，非大序不足以著鄙人所得也，引領望之。」❻冬，又與王念孫書，嘗謂：「（《說文注》）尚有未成者二卷也（十二之下，十三之下）今冬明春，必欲完之，已刻者，僅三卷耳，精力衰甚，能成而死，則幸矣。」❼

嘉慶十二年（西元一八〇七年），段氏七十三歲，是年也，《說文解字注》三十卷終於完成。嘉慶十三年（西元一八〇八年），段氏七十四歲，王氏六十五歲，撰成〈說文解字注序〉，序中嘗云：

《說文》之為書，以文字而兼聲音訓詁者也，凡許氏形聲讀若，皆與古音相準，或為古之正音，或為古之合音，方以類聚，物以群分，循而考之，各有條理，不得其遠近分合之故，則或執今音以疑古音，或執古之正音以疑古之合音，而聲音之學晦矣。❽

許慎《說文解字》一書，世人多推崇其辨識文字形體之貢獻，王氏此序，乃稱許君《說文》一書，不僅探析文字形體，實亦兼明聲音與訓詁之事，故《說文》書中，凡許君所謂形聲讀若之字，皆與古代聲韻相諧，而《說文》與古音之關係，從可見也，王氏〈說文解字注序〉又云：

《說文》之訓，首列製字之本義，而亦不廢假借，凡言一曰，及所引經，類多有之，蓋以廣異聞、備多識，而不限於一隅也，不明乎假借之指，則或據《說文》本字，以改書傳假借之字，或據《說文》引經假借之字，以改經之本字，而訓詁之學晦矣。

王氏又謂，《說文》一書，不僅專明文字本義，兼亦闡明文字通假之理，《說文》之中，凡許君所謂一曰及引經者，類多指明通用假借之事例，故《說文》與訓詁之關係，亦從可見也，王氏〈說文解字注序〉又云：

吾友段氏若膺，於古音之條理，察之精，剖之密，嘗為《六書音韻表》，立十七部以綜核之，因是為《說文注》，形聲讀若，一以十七部之遠近分合求之，而聲音之道大明。於許氏之說正義假義，知其典要，觀其會通，而引經與今本異者，不以本字廢借字，不以借字易本字，揆諸經義，例以本書，若合符節，而訓詁之道大明。訓詁聲音明而小學明，小學明而經學明，蓋千七百年來無此作矣。

王氏以為，段氏《說文解字注》一書，既能明於古音之遠近分合，復能明於古籍之正義借義，聲音訓詁，一以文字形體貫乎其中，宜乎能使小學大明，進而且能使經學大明，故稱美段氏之書，以為自許君之後，一千七百年來，所未嘗得有之著述也。

要之，段氏關於《說文》之著述，經營甚久，自乾隆四十一年（西元一七七六年），段氏四十二歲，始作《說文解字讀》，以迄嘉慶十二年（西元一八〇七年），段氏七十三歲，《說文解字注》撰成，先後歷時，凡二十六年之久，其間，乾隆五十一年（西元一七八六年），盧文弨嘗撰序文，及全書告成，次年，王氏念孫，為撰序文，嘉慶十八年（西元一八一三年），《說文解字注》開始刊刻，嘉慶十九年（西元一八一四年），江沅為撰〈說文解字注後序〉，有謂「許書之要，在明文字之本義而已，先生發明許書之要，在善推許書每字之本義而已」，嘉慶二十年（西元一八一五年），《說文解字注》全書刊成，陳煥爲撰〈說文解字注跋〉，亦謂「先生自乾隆庚子去官後，注此書，先爲長編，名《說文解字讀》，抱經盧氏，雲椒沈氏，曾爲之序，旣乃簡練成注，海內延頸，望書之成，已三十年於茲矣」❾，江陳二人，所撰後序跋文，多論及是書刊刻之經過，至於發明是書之大義，彰著是書之要旨，則仍以王氏念孫所論述者，最爲清晰而明確焉。

## 二、關於《廣雅》者

乾隆五十二年（西元一七八七年），王氏念孫四十四歲，始作《廣雅疏證》，期以十年成之，蓋王氏雖精擅訓詁音韻之學，然其時也，戴君東原，已成《方言疏證》，邵氏晉涵，已成《爾雅正義》，段氏玉裁，撰注《說文》，已逾十年，長編已具，故王氏念孫，乃改弦易轍，別出塗徑，轉而疏釋《廣雅》也。❿

乾隆五十四年（西元一七八五年），段王二人，初相晤面，是年也，王氏《廣雅疏證》，已成一卷，段氏見之，愛不釋手，曰：「予見近代小學書多矣，動與古韻違異，此書所言聲同聲近，通作假借，揆之古韻部居，無不相合，可謂天下之至精矣。」

乾隆五十五年（西元一七九〇年），王氏年四十七歲，《廣雅疏證》已成二卷，嘗致書段氏，請爲《疏證》一書，撰著序文，次年八月，段氏〈廣雅疏證序〉撰成，序中有云：

小學有形有音有義，三者互相求，舉一可得其二，有古形有今形，有古音有今音，有古義有今義，六者互相求，舉一可得其五。古今者，不定之名也，三代為古則漢為今，漢魏晉為古則唐宋以下為今，聖人之制字，有義而後有音，有音而後有形，學者之考字，因形以得其音，因音以得其義，治經莫重於得義，得義莫切於得音。

又云：

懷祖氏能以三者互求，以六者互求，尤能以古音得經義，蓋天下一人而已矣。⑪

段氏以爲，語言文字之起，義在最先，聲音次之，文字最後，蓋人類先有概念，然後以聲音記之，最後以形體表識，故文字在是，而聲音意義，亦從而寓焉，而時代有古今之異，故語言文字，形音義三者，亦遂有古今之不同，而王氏念孫，能以古今之形音義，六者互相探求，「尤能以古音得經義」，故段氏稱美其書，以爲「天下一人而已」，其推崇可謂至矣。

乾隆六十年（西元一七九五年），王氏五十二歲，是年秋冬之際，《廣雅疏證》十卷書成，歷時七年又半，段氏有書致王氏曰：「讀《疏證》，如入武陵桃源，取徑幽深，繼則豁然開朗，土地平曠」⑫，嘉慶元年（西元一七九六年）正月，王氏作〈廣雅疏證自序〉，亦云：

昔者周公，制禮作樂，爰著《爾雅》，其後七十子之徒，漢初綴學之士，遞有補益，作者之聖，述者之明，卓乎六藝群書之鈐鍵矣，至於舊書雅記，詁訓未能悉備，網羅放失，將有待於來者，魏太和中，博士張君稚讓，繼兩漢諸儒後，參考往籍，徧記所聞，分別部居，依乎《爾雅》，凡所不載，悉著於篇，……蓋周秦兩漢古義之存者，可據以證其得失，其散逸不傳者，可藉以闚其端緒，則其書為功于詁訓也大矣。⑬

王氏自序，首言《廣雅》一書之體例，次言其書之價值，〈疏證序〉又云：

> 竊以詁訓之旨，本於聲音，故有聲同字異，聲近義同，雖或類聚群分，實亦同條共貫，……今則就古音以求古義，引申觸類，不限形體，苟可以發明前訓，斯淩雜之譏，亦所不辭，其或張君誤采，博考以證其失，先儒誤說，參酌而寤其非。

王氏於〈自序〉之中，亦以爲「詁訓之旨，本於聲音」，故其爲《廣雅》撰疏證，「殫精極慮，十年於茲」，其最要者，亦在「就古音以求古義」，「引申觸類，不限形體」，其論語言文字、聲音訓詁之旨，與段氏所議論者，若合符節，蓋皆以聲音爲貫通文字形體訓詁意義之樞紐者也。

## 三、關於古韻者

清代古韻之學，肇始於顧君炎武，顧君撰《音學五書》，要在分古韻爲十部，其後，江永著《古韻標準》，分古韻爲十三部，其後，言古韻者雖多，要以段玉裁與王念孫二人，對於古韻之學，最具創見。

乾隆十九年（西元一七五四年），段氏二十歲，從蔡一帆氏習音律，始知古韻大略，乾隆二十五年（西元一七六〇年），段氏二十六歲，於北京錢東麓寓宅，得顧君《音學五書》，驚其考據之傳，始有意於音韻之學，乾隆二十八年（西元一七六三年），得戴君所撰〈江愼修行略〉，始知江氏別有《古韻標準》一書，所分古韻部類，與顧君少異。

乾隆三十二年（西元一七六七年），段氏與其弟玉成，始取《毛詩》，細加推繹，因知顧江二人所分古韻，亦有未盡，乃別爲《詩經韻譜》、《群經韻譜》，分古韻爲十七部。乾隆四十年（西元一七七五年），段氏《六書音均表》書成，爲表凡五，一曰〈今韻古分十七部表〉，二曰〈古十七部諧聲表〉，三曰〈古十七部合用類分表〉，四曰〈詩經韻分十七部表〉，五曰〈群經韻分十七部表〉。

段氏古音十七部，較之顧君，多出七部，較之江永，多出四部，其中最爲重要者：其一，支、脂、之，分爲三部。其二，眞、文分部。其三，侯部獨立。

乾隆三十一年（西元一七六六年），王念孫二十三歲，獲江永《古韻標準》讀之，始知顧氏所分古韻十部，猶有罅漏，歸而取《詩》三百篇，反覆尋繹，始知江氏之書，亦未盡善，遂以己意，重加編次，分古韻爲二十一部。道光元年（西元一八二一年），王氏有〈答江晉三論韻學書〉，嘗云：

> 分古音為二十一部，未敢出以示人，及服官後，始得亡友段君若膺所撰《六書音韻表》，見其分支脂之為三，真諄為二，尤侯為二，皆與鄙見，若合符節，唯入聲之分合，及分配平上去，與念孫多有不合。

又云：

> 己酉（乾隆五十四年）仲秋，段君以事入都，始獲把晤，商訂古音，告以侯部自有入聲，月曷以下，非脂之入，當別為一部，質亦非真之入，又質月二部，皆有去而無平上，緝盍二部，則無平上，而並無去。段君從者二（謂侯部有入聲及分術月爲二部），不從者三，自段君而外，則意多不合。

又云:

> 段君歿已六年,而念孫亦春秋七十有八,左畔手足偏枯,不能步履,精日銷亡,行將繼段君而去矣。⑭

從上可知,段王二人,於古韻之學,見解並非全同,然而二人之間,其於古音之學,亦嘗細爲商酌,詳加討論,此於學術論究之中,亦可見及二人情誼之深厚也。王念孫又有〈六書音韻表書後〉一文,文中有云:

> 《六書音韻表》,敄聲在第三部,某案,敄聲似當在第四部,務從敄聲,而《詩》「外禦其務」,《左傳》作「禦其侮」,《檀弓》「公叔禺人」,即「務人」,《逸周書·程典篇》以務與寇候為韻,又與趣為韻,《呂氏春秋·音律篇》以務與聚為韻,《太玄·務次王》以務與緰為韻,《務測事測》以務與趣為韻,《淮南子·要略》以脩務泰族為韻,《左傳》「莒公子務婁」,以務婁為韻,《史記·天官書》以霧與濡趨為韻。騖從敄聲,而《淮南子·兵略篇》以騖與慮鬥懼為韻。鍪從敄聲,而《急就篇》以鍪與鉤鍭投為韻。瞀從敄聲,而《荀子·儒效篇》以傋瞀為疊韻,《漢書·五行志》以傋霧為疊韻。瞀從敄聲,而《楚辭·九辯》以怐愗為疊韻,所與敄聲之字通借及為韻者,皆第四部字也,以是明之。⑮

由上文可見,段王二人,雖爲至交,而彼此學問之討論檢覈,亦一以是非作依據,以眞理作歸趣也,此其究學之精神,求是之態度,尤可爲後學者效法之楷模也。

## 丁 情誼深篤

段玉裁與王念孫二人，自乾隆五十四年（西元一七八九年），初度晤面，嗣後二十餘年之間，彼此交往，日趨密切，雙方情誼，亦日益深篤。

乾隆五十九年（西元一七九四年），段氏年六十歲，始據所纂《說文解字讀》，改撰爲《說文解字注》，嘉慶元年（西元一七九六年），已成第二篇上卷，由是逐年漸次成書。嘉慶五年（西元一八〇〇年），段氏年六十六歲，十二月，有書與劉端臨，略謂：「入冬以來，賤體大好，今年《說文》稿成一百四十頁，第九篇已發軔矣，無處不有剏獲。」又謂：「有經術吏治之王紹蘭，官閩中，已升知州，許爲刻《說文》，當先刻數本」⑯，然王紹蘭雖許諾爲刻《說文解字注》，則似終未踐行其言語者。

嘉慶九年（西元一八〇四年）七月二十九日，王念孫之妻吳氏卒，段氏得悉，致書念孫悼之，略謂：「前月乍聞尊嫂夫人仙逝之信，吾兄當此，能勿哀傷，況老嫂之才賢健，持門戶內助之美，疇能過之，令嗣大兄，應已南奔盡禮，吾兄愼勿因此過傷，宜斟酌於莊生荀令之間爲禱。」⑰是年也，段氏七十歲，《說文解字注》已成書漸多，阮元爲刻此書第五篇上卷，是年十二月二十二日，段氏曾致書王念孫，略謂：「弟春夏多病，秋冬稍可讀書，而欠精力，數年，以文章而兼通財之友，唯藉阮公一人，拙著《說文》，阮公爲刻一卷，曾由邗江寄呈，未知已達否？能助刻一二否？」⑱蓋段氏窮於貲財，《說文注》雖次第成書，而刊刻不易，因而求助友朋，其困窘之狀，亦從可知矣。

嘉慶十一年（西元一八〇六年），段氏年七十二歲，四月初二，有與王念孫書，求爲《說文解字注》撰序，並推薦四弟玉立入京，尤盼念孫「推分助其資斧」⑲云。

嘉慶十二年（西元一八〇七年）十月十五日，段氏又致書念孫，略謂：「玉裁老病貧三者兼之，向者恥言貧，今日乃更不能自諱也，鄙者《說文注》已竣，蒙阮公刻成一卷，一以爲唱，用呈請政，並量力佽助，庶乎集腋成裘，向時尊處書價二十金，爲寄書人龔繩正所失，尚未暇還，抱愧之甚，如同拜賜之感而已。」⑳由此函中，可知段氏《說文解字注》一書，後世推爲字學巨擘者，其在當時，刊刻印刷之艱辛，誠有令人不能想像者在也。

嘉慶十二年冬，段氏又致書王氏，略謂：「去冬得大著並手書，業經雒誦，布陳傾倒之懷，嗣頻接手函，近者，又惠以四十金，俾得刻資，此種高誼，不勝感泐」，「所賜當即刻之」㉑，然則，《說文解字注》一書之面世，王氏不僅爲撰序文，即其刊刻印刷，王氏亦嘗出資捐助，以抵於成者也。

嘉慶十七年（西元一八一二年），段氏七十八歲，十二月，長洲陳奐至蘇州，受業段氏之門，段氏令校《說文注》第十五卷，且告之曰：「治《說文》之以字考經，以經考字，大指本徽郡戴氏，高郵王石臞先生，同淵源於戴氏，故論學若合符節。」㉒

嘉慶二十年（西元一八一五年），段氏年八十一歲，是年五月，《說文解字注》全書刊成，九月八日，段氏卒，享年八十一歲，王氏在京師聞之，謂陳奐曰：「若膺死，天下遂無讀書人矣。」㉓

嘉慶二十一年（西元一八一六年），王氏年七十三歲，應段氏之子段驤、段鵲之請，作〈大清敕授文林郎四川巫山縣知縣君墓誌銘〉，文中嘗云：

君諱玉裁，字若膺，金壇人，曾祖武，祖文，父世續，並隸學舍，以君貴，贈文林郎，君生穎異，讀書有兼人之資，年十三入學，為附生，有時名，初治詞術，受知於沈尚書德潛……。

又云：

君治聲音訓詁之學，受業戴先生震，日益進，謂《說文》五百四十部，次第以形相聯，每部之中，次第以義相屬，每字之下，兼說其古義古形古音，其說古義者，訓釋是也，其說古形者，象某形從某某聲是也，其說古音者，某聲讀若某是也，三者合而後一字乃全……。㉔

在此文中，王氏先說明段氏之先世，表彰段氏仕宦之經歷，然後詳述段氏之著述，自《說文解字注》以下，以至於《六書音韻表》、《周禮漢讀考》、《毛詩小學》、《尚書譔異》、《儀禮漢讀考》、《漢書地理志音釋》、《汲古閣說文訂》等，而終之繫以銘曰：「不朽有三，立言其選」云云，其情誼之深篤，可以概見。

## 戊 結 語

段玉裁與王念孫，二人之交往經過，學術論究，彼此情誼，經已考論如上，以下，猶有數事，似可記述，以當結語者：

一、段王二人，年輩相近，俱享高齡，所著《說文解字注》與《廣雅疏證》，同爲乾嘉學術中最具代表之著述，較諸一時樸學專著，如王筠之《說文釋例》、桂馥之《說文義證》、邵晉涵之《爾雅正義》、郝懿行之《爾雅義疏》、錢繹之《方言箋疏》等，尤更受世人之推崇也。

二、段王二人，同出戴君門下，治學塗轍，深受戴君影響，亦皆能發揚戴君學術之精神者，戴君嘗云：「訓詁明則古經明，古經明則賢人聖人之理義明。」㉕故段氏亦曰：「以古音得古義。」㉖王氏亦曰：「訓詁聲音明而小學明，小學明而經學明。」㉗三人治學之方法態度，實亦一脈相承者也。

三、段王二人，精研古音，發爲剏解，段氏分古韻爲十七部，王氏分古韻爲二十一部，此在音韻學發展史上，皆具重要之價值，然而二人於古韻分部之見解，並非全同，相互攻錯，此亦正足以見二人求眞求是之精神，鑽研學術，而不願爲依違兩可之說也。

四、段王二人，其在後世，盛名相若，然在當時，則窮達之際，頗不相如，段氏仕途蹇滯，困頓一生，而王氏位尊權重，富貴壽考，所幸二人，交誼深厚，王氏之於段氏，亦多方資助，不以段氏之貧困，而稍改其欽敬之情焉。

## 附注

❶參見劉盼遂所撰《段玉裁先生年譜》及《高郵王氏父子年譜》，此據民國五十九年六月藝文印書館影印《段王學五種》本，下文所述，不明注其來源者，皆本之劉氏兩年譜。

❷王念孫〈與劉端臨書〉云：「若膺先生，在都時快談一切，恨相見之晚，其所著《尙書考異》，發前人所未發，有功經學甚鉅，與《說文解字讀》、《六書音韻表》，皆不朽之業也。」載《王石臞先生遺文》卷四，此據民國五十六年五月文海出版社影印《高郵王氏遺書》本，下引並同。

❸嘉慶元年，段玉裁有〈與劉端臨第十六書〉云：「弟自立秋後，頗健，每日得書一葉，《說文》第三篇已畢，中秋以後，則又懈怠，看來五年內能成此書爲幸。」載劉盼遂所輯《經韻樓文集補編》卷下，此據民國五十九年六月藝文印書館影印《段王學五種》本，下引並同。

❹見段玉裁〈與劉端臨第十三書〉，載劉盼遂所輯《經韻樓文集補編》卷下。

❺見段玉裁〈與王懷祖書一〉，載劉盼遂所輯《經韻樓文集補編》卷下。

❻見段玉裁〈與王懷祖書三〉，載劉盼遂所輯《經韻樓文集補編》卷下。

❼見段玉裁〈與王懷祖書五〉，載劉盼遂所輯《經韻樓文集補編》卷下。

❽見段玉裁《說文解字注》，此據民國四十七年十二月藝文印書館影印經韻樓原刻本，下引並同。

❾同❽。

❿梁啓超《中國近三百年學術史》（此據民國四十七年中華書局重印本）有云：「以石臞的身分，本該疏《爾雅》，才配得上，因爲邵（晉涵）《疏》在前，恥於蹈襲，所以走偏鋒，便宜了張稚讓。」又云：「《廣雅》原書雖尙佳，還不算第一流作品，自《疏證》出，張稚讓倒可以附王石臞的驥尾而不朽了。」

⓫見王念孫《廣雅疏證》，此據五洲出版社影印王氏原刻本。

⓬見王引之〈光祿公壽辰徵文啓事〉，載劉盼遂所輯《王伯申先生文補編》卷上，此據民國五十九年六月藝文印書館影印《段王學五種》本。

⓭同⓫。

⓮見《王石臞先生遺文》卷四。

⓯同⓮。

⓰見段玉裁〈與劉端臨第二十六書〉，載劉盼遂所輯《經韻樓文集補編》卷下。

⓱見段玉裁〈與王懷祖書二〉，載劉盼遂所輯《經韻樓文集補編》卷下。

⓲同⓱。

⓳同❻。

⓴見段玉裁〈與王懷祖書四〉，載劉盼遂所輯《經韻樓文集補編》卷下。

㉑同❼。

㉒見陳奐〈王石臞先生遺文編次序〉，此據劉盼遂《段玉裁先生年譜》所轉引者。

㉓見《清史列傳》，此據中華書局排印本。

㉔見劉盼遂所輯《王石臞文集補編》，此據民國五十九年六月藝文印書館影印《段王學五種》本。

㉕見戴君〈題惠定宇先生授經圖〉，載《戴震集》卷十一，此據民國六十九年一月里仁書局出版本。

㉖見段玉裁〈廣雅疏證序〉。

㉗見王念孫〈說文解字注序〉。

（此文原刊載於《書目季刊》二十七卷四期，民國八十三年三月出版）

# 二　劉逢祿《論語述何》析評



## 甲　引　言

清代自道光咸豐以後，外侮漸至，國勢日衰❶，學士大夫，目擊道存，亟思有以挽之，傳統考訂之事，既不復饜足人心，求新求變之念，遂亦日以迫促，有志之士，乃試於故籍之中，抒發大義，闡釋精微，既求其切近於時務，有益於世教，亦可以見其於古之有徵，淵源之有自，由是《春秋公羊》之學，乃勃然復興焉。

清季《春秋公羊》之學，肇始於江蘇武進莊存與，莊氏著《春秋正辭》，力求先聖微言於語言文字之外，以論時事，存與有侄曰述祖，述祖有甥曰劉逢祿，逢祿專研《春秋》之學，尤有聲於時。❷

逢祿所著《春秋》之書，若《公羊何氏釋例》、《公羊何氏解詁箋》、《發墨守評》、《箴膏肓評》、《穀梁廢疾申何》、《左氏春秋考證》，其所論述，皆《春秋》學中所有事也，至於所著《論語述何》一書，名雖屬諸《論語》，實則乃取《公羊》之要義，轉而疏釋《論語》，以求表彰何休《論語》注訓之學者也，此在劉氏，雖或別有用心，然而，設就《論語》

本書而言，則劉氏之作，旣乖於注疏之體，亦頗多異常之論，持與歷代《論語》注釋之書，稍作比較，則不免見其穿鑿求解、傅會過深者也，玆篇之作，僅就劉氏是書，試爲析評，以尚論其得失焉。

## 乙 分 析

《論語述何》書中，旣多採《公羊》之義，以相詮釋，今所分析，遂亦取《春秋》要旨，以爲述論：

### 一、以「正名分」之義相釋者

《莊子・天下篇》有云：「《春秋》以道名分。」而《論語・子路篇》記孔子對子路之問，亦曰：「必也正名乎，名不正則言不順，言不順則事不成，事不成則禮樂不興，禮樂不興則刑罰不中，刑罰不中則民無所措手足。」《論語・顏淵篇》記孔子對齊景公問政，亦曰：「君君、臣臣、父父、子子。」然則夫子之正名，始乎以名別事，終於名定分隨，以求人倫教化之正，斯亦《春秋》正名之義也，劉氏《論語述何》書中，亦往往以「正名分」之義，闡釋《論語》章義者，例如《論語・八佾篇》嘗記：

孔子謂季氏：「八佾舞於庭，是可忍也，孰不可忍也？」

劉氏《論語述何》釋之曰：

此篇類記正名辨分之事，《傳》曰，天子八佾、諸公六、諸侯四，隱公始僭八佾於惠公之廟，又僭六佾於仲子之宮，自是而後，群公之宮，皆僭八佾矣，樂舞以象功德也，大夫士無廟樂，鄉飲鄉射，笙歌琴瑟而已，三桓設公廟於私家，因僭八佾，不仁之甚也。❸

今案《春秋》隱公五年書曰：「初獻六羽。」《公羊傳》曰：「初者何？始也，六羽者何？舞也，初獻六羽，何以書譏？譏始僭諸公也，六羽之爲僭奈何？天子八佾、諸公六、諸侯四。」又曰：「始僭諸公，昉於此乎？前此矣，前此，則曷爲始乎此？僭諸公，猶可言也，僭天子，不可言也。」何休《解詁》曰：「佾者列也，八人爲列，八八六十四人。」又《公羊傳》昭公二十五年曰：「昭公將弑季氏，告子家駒曰，季氏爲無道，僭於公室久矣，吾欲弑之，何如？子家駒曰，諸侯僭於天子，大夫僭於諸侯，久矣。昭公曰，吾何僭矣哉？子家駒曰，設兩觀、乘大路、朱干、玉戚、以舞大夏，八佾以舞大武，此皆天子之禮也。」然則季氏之僭用八佾，亦由魯君僭用天子之禮樂，有以導之也。劉氏逢祿，於《論語》此章，乃假季氏以舞八佾之事，譏其名實乖違，以抒發《春秋》「正名辨分之事」也。又如《論語‧季氏篇》嘗記：

邦君之妻，君稱之曰「夫人」，夫人自稱曰「小童」。邦人稱之曰「君夫人」，稱諸異邦曰「寡小君」。異邦人稱之，亦曰「君夫人」。

劉氏《論語述何》釋之曰：

《春秋》正適妾之名，仲子成風以天王太廟異邦正之，不得稱「夫人」也，則妾子為君，皆繫於子，君稱之曰「母」，自稱曰「先君之妾」，邦人稱之曰「君母」，稱諸異邦曰「寡君之母」，異邦人稱之，亦曰「君之母」而已。

今案何晏《論語集解》引孔安國曰：「當此之時，諸侯嫡妾不正，稱號不審，故孔子正言其禮也。」頗得此章此旨，蓋亦夫子正名定分之義也，故劉氏逢祿，乃藉此章，以抒發其《春秋》正名之用意焉，考《春秋》隱公元年書曰：「秋七月，天王使宰咺來歸惠公仲子之賵。」《穀梁傳》曰：「母以子氏，仲子者何？惠公之母，孝公之妾也，禮，賵人之母則可，賵人之妾則不可，君子以其可辭受之，其志，不及事也，賵者何也？乘馬曰賵，衣衾曰襚，貝玉曰含，錢財曰賻。」范寧《注》曰：「妾子爲君，賵當稱謚，成風是也，仲子乃孝公時卒，故不稱謚。」又曰：「妾不得體君，故以子爲氏。」又曰：「仲子早卒，無由追賵，故因惠公之喪，而來賵之。」此則劉氏所謂「《春秋》正適妾之名」之例者也，唯仲子成風之事，與《論語》此章所記，則全然無所關涉耳。又如《論語・堯曰篇》嘗記：

子張問於孔子曰：「何如斯可以從政矣？」子曰：「尊五美，屏四惡，斯可以從政矣。」子張曰：「何謂五美？」子曰：「君子惠而不費，勞而不怨，欲而不貪，泰而不驕，威而不猛。」……子張曰：「何謂四惡？」子曰：「不教而殺謂之虐，不戒視成謂之暴，慢令致期謂之賊，猶之與人也，出納之吝，謂之有司。」

劉氏《論語述何》釋之曰：

五美四惡，皆《春秋》法戒也，秦項之失，皆以四惡也。

今案何晏《論語集解》引馬融曰：「不宿戒而責目前成，爲視成也。」又引孔安國曰：「與民無信而虛刻期，謂之慢令致期。財物俱當與人，而吝嗇於出納，惜難之，此有司之任耳，非人君之道。」朱子《論語集注》曰：「虐，謂殘酷不仁。暴，謂卒遽無漸。賊者，切害之意，緩於前而急於後，以誤其民而必刑之，是賊害之也。猶之，言均之也，均之以物與人，而於其出納之際，乃或吝而不果，則是有司之事，而非爲政之體，所與雖多，人亦不懷其惠矣。項羽使人有功當封，刻印刓，忍弗能予，卒以取敗，亦其驗也。」此章「五美」「四惡」，皆自命名定分，名定實從，以求政令教化，畢張畢舉之功者也，故劉氏逢祿，遂謂「五美四惡，皆《春秋》法戒也」，並舉秦項之失，以爲箴規，蓋皆屬《春秋》正名分之所有事也。

## 二、以「張三世」之義相釋者

《春秋》有「三世」之說，劉逢祿《公羊何氏釋例・張三世例第一》曰：「《春秋》起衰亂以近升平，由升平以極太平。」又曰：「故分十二世以爲三等，有見三世，有聞四世，有傳聞五世。」[4]故其於《論語述何》之中，亦時引「三世」之義，以相疏釋，例如《論語・爲政篇》嘗記：

子張學干祿，子曰：「多聞闕疑，慎言其餘，則寡尤；多見缺殆，慎行其餘，則寡悔。言寡尤，行寡悔，祿在其中矣。」

劉氏《論語述何》釋之曰：

謂所見世也，殆，危也，《春秋》定哀多微辭，上以諱尊隆恩，下以避害容身，慎之至也。

今案《春秋》隱公元年書曰：「公子益師卒。」《公羊傳》曰：「何以不日，遠也，所見異辭，所聞異辭，所傳聞異辭。」何休《解詁》曰：「所見者，謂昭、定、哀，己與父時事也；所聞者，謂文、宣、成、襄，王父時事也；所傳聞者，謂隱、桓、莊、閔、僖，高祖曾祖時事也。」又曰：「於所傳聞之世，見治起於衰亂之中。」又曰：「於所聞之世，見治升平。」又曰：「至所見之世，著治太平。」此即「張三世」之說也。至如踐土之會，實召周天子，而《春秋》諱之曰，天王狩於河陽（見僖公二十八年），黃池之會，吳實主盟，而《春秋》先言晉侯，明不與夷狄主中國也（見哀公十三年），此則「諱尊隆恩」、「多微辭」之例也。然則，劉氏逢祿，唯據《論語》此章「多見闕殆」中「見」之一字，以爲即係《春秋》「所見世也」，遂取與《春秋》「三世」之義相牽涉，以遂其「諱尊隆恩」、「避害容身」之說焉，然而子張學干祿，夫子以「多聞闕疑」、「多見闕殆」誨之，故終之曰：「言寡尤，行寡悔，祿在其中矣。」明謂「祿」在其中，是本不爲《春秋》言之也，劉氏之說，不亦引申過於遼遠者乎？又如《論語·述而篇》嘗記：

子曰：「蓋有不知而作之者，我無是也，多聞，擇其善者而從之，多見而識之，知之次也。」

劉氏《論語述何》釋之曰：

不知而作，謂不肯闕疑也；多聞，謂兼采列國史文，擇善而從，取其可徵者，寓王法也；多見，謂所見世，識其行事，不著其說也。

今案何晏《論語集解》引包咸曰：「時人多有穿鑿妄作篇籍者，故云然也。」朱子《論語集注》曰：「孔子自言未嘗妄作。」然則《論語》此章「多聞」「多見」，實針對上文「不知」而言，夫子之意，蓋亦欲人多求聞見耳，劉氏逢祿，乃必欲引而申之，以「兼采列國史文」、「寓王法」，以說「多聞」之義，以「所見世，識其行事」，以說「多見」之義，然而，「多見」之與「所見世」，實不相侔，「多見」本就「知識」而言，「所見世」則就「三世」而論，劉氏必欲取而以說《春秋》，是不免傅會過甚矣。又如《論語・先進篇》嘗記：

子曰：「先進於禮樂，野人也；後進於禮樂，君子也；如用之，則吾從先進。」

劉氏《論語述何》釋之曰：

此篇類記弟子之言行，夫子所裁正者；先進，謂先及門，如子路諸人，志於撥亂世者；後進，謂子游公西華諸人，志於致太平者。

今案何晏《論語集解》引包咸曰：「先進後進，謂士先後輩也，禮樂因世損益，後進與禮樂俱得時之中，斯君子矣，先進有古風，斯野人也，將移風易俗，歸之淳素，先進猶近古風，故從之。」朱子《論語集注》亦曰：「先進後進，猶言前輩後輩，野人，謂郊外之民，君子，謂賢士大夫也。」是先進後進，本不指孔門弟子而言也，而劉氏逢祿，既曰，「此篇類記弟子之言行」，又曰：「先進，謂先及門，如子路諸人」，「進後，謂子游公西華諸人」，又從而推之於《春秋》「三世」之義，以爲先進者，乃「志於撥亂世者」，後進者，乃「志於致太平者」，則是於孔門弟子之中，區別先後，分別其有志於「據亂」或「太平」之不同者也。今考《史記·仲尼弟子列傳》，子路少孔子九歲，「性鄙，好勇，志伉直」，子游少孔子四十五歲，「孔子以爲子游習於文學」，公西華少孔子四十二歲，「子華使於齊，冉有爲其母請粟」，然則，子路之與子游公西華，其年之先後固有差矣，然而，劉氏逢祿，又何所據而即知諸弟子分別有志乎「據亂」或「太平」者歟！傅會至此，亦可嘆矣。

## 三、以「異內外」之義相釋者

夫物有本末，事有始終，而王者之治天下，尤非可一蹴而幾，故必先重內治，以正其身，然後外治，推恩以廣施焉，劉逢祿《公羊何氏釋例·內外例第三》曰：「《春秋》推見至隱，舉內包外，以治纖介之慝，亦歸於元始正本，以理萬事，故平天下在誠意，未聞枉己而能正人者也。」斯皆由近以及遠，由內以及外之義也。劉氏於《論語述何》之中，亦時時引用《春秋》「異內外」之義，以爲解釋，例如《論語·雍也篇》嘗記：

子貢曰：「如有博施於民，而能濟衆，何如？可謂仁乎？」子曰：「何事於仁，必也聖乎！堯舜其猶病諸！夫仁者，己欲立而立人，己欲達而達人，能近取譬，可謂仁之方也已。」

劉氏《論語述何》釋之曰：

《春秋》錄內而略外，必先正君，以正內外，所謂取譬不遠也。

今案《春秋》隱公十年書曰：「春，王二月，公會齊侯鄭伯於中丘，夏，翬帥師，會齊人鄭人伐宋，六月，壬戌，公敗宋師於菅，辛未，取郜，辛巳，取防。」《公羊傳》曰：「此公子輩也，何以不稱公子？貶，曷爲貶？隱之罪人也，故終隱之篇貶也。」又曰：「取邑不日，此何以日？一月而再取也，何言乎一月而再取？甚之也，內大惡諱，此其言甚之何？《春秋》錄內而略外，於外大惡書，小惡不書，於內大惡諱，小惡書。」何休《解詁》曰：「於內大惡諱，於外大惡書者，明王者起，當先自正內，無大惡，然後可治諸夏大惡。」又曰：「內小惡書，外小惡不書者，內有小惡，適可治諸夏大惡，未可治諸夏小惡，明當先自正，然後正人。」此《春秋》所謂「錄內略外」之義也，而劉氏逢祿，因見《論語》此章「能近取譬」中既有「近」字，乃遂牽引《春秋》之義，以遂其「取譬不遠」、「必先正君，以正內外」之義。然而，朱子《論語集注》曰：「方，術也，近取諸身，以己所欲，譬之他人，知其所欲，亦猶是也，然後期其所欲，以及乎人，則恕之事而仁之術也。」是則《論語》此章之「能近取譬」，目的乃在己立立人，己達達人，主旨乃在「爲仁之方」，此與《春秋》「錄內略外」之旨，義或可通，而宗主則不相侔，而劉氏乃譬而一之，過矣。又如《論語·微子篇》嘗記：

> 齊人歸女樂，季桓子受之，三日不朝，孔子行。

劉氏《論語述何》釋之曰：

> 定公十四年，齊人歸女樂，《春秋》不書者，內大惡諱，定哀多微辭也，故唯去冬，以明聖功之不終焉。

今案《史記·孔子世家》嘗記，定公十四年，孔子由大司寇攝行相事，齊人聞之而懼，於是選國中女子好者八十人，皆衣文衣而舞康樂，文馬三十駟，以遺魯君，陳於魯城南高門外，季桓子微服往觀再三，魯君往觀終日，怠於政事，孔子遂行。而此事也，《春秋》不載，唯於定公十四年，不書冬季之目，此與《春秋》記事，必書四季者有異，因以起之，《公羊傳》何休《解詁》曰：「去冬者，是歲蓋孔子由大司寇攝相事，政化大行，粥羔豚者不飾，男女異路，道無拾遺，齊懼，北面事魯，饋女樂以閒之，定公聽季桓子受之，三日不朝，當坐淫，故貶之。歸女樂不書者，本以淫受之，故深諱其本文，三日不朝，孔子行，魯人皆知孔子所以去，附嫌近害，雖可書，猶不書。」徐彥《疏》曰：「隱六年傳云，《春秋》編年，四時具，然後爲年。今此無冬，四時不具。」孔廣森《公羊通義》曰：「無冬者，師說以爲齊人歸女樂之歲也，魯君臣受之，三日不朝，雖諱而削其事，事繫於冬，故去冬以起之。」[5]故劉氏逢祿，以爲此即《春秋》「於內大惡諱」（見隱公十年《公羊傳》），此即「臣子之義，當先爲君父諱大惡」（見何休《解詁》）之義也，故遂牽附《公羊》之旨，以釋《論語》此章焉，然而熟復《論語》此章，實則僅敍事實，則似與《春秋》之義例，並無關涉者也。又如《論語·述而篇》嘗記：

互鄉難與言，童子見，門人惑，子曰：「與其進也，不與其退也，唯何甚？人潔己以進，與其潔也，不保其往也。」

劉氏《論語述何》釋之曰：

《春秋》列國，進乎禮義者與之，退則因而貶之，此其義也。

今案《公羊傳》成公十五年曰：「《春秋》內其國而外諸夏，內諸夏而外夷狄，王者欲一乎天下，曷爲以外內之辭言之，言自近者始也。」何休《解詁》曰：「明當先正京師，乃正諸夏，諸夏正，乃正夷狄，以漸治之。」蓋王者之法，由內及外之義也，然而《春秋》者，禮義之大宗也，其於列國之際，能進乎禮義者，則與之，不能進乎禮義者，則貶之，如《春秋》宣公十二年書曰：「夏，六月，乙卯，晉荀林父帥師，及楚子戰于邲，晉師敗績。」《公羊傳》曰：「大夫不敵君，此其稱名氏以敵楚子何？不與晉而與楚子爲禮也。」何休《解詁》曰：「不與晉，而反與楚子爲君臣之禮以惡晉。」孔廣森《公羊通義》曰：「莊王之師，進以義，退以仁，卓然君子之行，林父不度德力，輕取敗衂，中國遂衰，故特出主名，專見其罪。」此與之之例也。又如《春秋》僖公三十三年書曰：「夏，四月，辛巳，晉人及姜戎敗秦於殽。」《公羊傳》曰：「其謂之秦何？夷狄之也。」《穀梁傳》曰：「不言戰而言敗，何也？狄秦也，其狄之，何也？秦越千里之險，入虛國，進不能守，退敗其師徒，亂人子女之教，無男女之別，秦之爲狄，自殽之戰始也。」此貶之之例也。《論語》此章之中，旣曰「進」「退」，又曰「與」及「不與」，故劉氏逢祿，遂牽引之，以《春秋公羊》之旨，轉釋《論語》，然而，《論語》此章，明謂「互鄉難與言」，童子得見孔子，故門人惑之，夫子乃以「與其進」、「不與其退」答之，何晏《論語集解》引鄭玄曰：「互鄉，鄉名，其鄉人言語自專，不達時宜。」是此章中「進」之與「退」，皆指「互鄉」之人「言語」而言，不指春秋列國諸侯進退於禮義之事也，劉氏逢祿，比而同之，引以相釋，不免失於綿遠者矣。

## 四、以「通三統」之義相釋者

《論語・衞靈公篇》，記顏淵問爲邦，夫子告之曰：「行夏之時，乘殷之輅，服周之冕，樂則《韶》舞。」朱子《論語集注》引程子之言曰：「三代之制，皆因時損益，及其久也，不能無弊，周衰，聖人不作，故孔子斟酌先王之禮，立萬世當行之道，發此以爲之兆爾。」此則王者爲政，斟酌三代之制，文質並用，各取所宜，以經綸世務也，故《公羊傳》何氏《解詁》，遂以爲《春秋》之作，有「存三統」之義存焉，而劉氏逢祿，於《論語述何》書中，亦往往刺取其說，以釋《論語》之義也，例如《論語・八佾篇》嘗記：

> 子曰：「周監於二代，郁郁乎文哉，吾從周。」

劉氏《論語述何》釋之曰：

> 正朔三而改，文質再而復，如循環也，故王者必通三統，周監夏殷，而變殷之質，用夏之文，夫子制《春秋》，變周之文，從殷之質，所謂從周也，乘殷之輅，從質也，服周之冕，從文也。

今案《公羊傳》隱公元年何休《解詁》曰：「王者受命，必遷居處，改正朔，易服色，殊徽號，變犧牲，異器械，明受命于天，不受之于人也。」又隱公七年何休《解詁》曰：「《春秋》變周之文，從殷之質。」皆所謂損益文質之論也，劉逢祿《公羊何氏釋例・通三統例第二》曰：「王者必通三統，而治道乃無偏而不舉之處，自後儒言之，則曰法後王，自聖人言之，則曰三王之道若循環，終則復始，窮則反本，非僅明天命所授者博，不獨一姓也，夫正朔必三而改，故《春秋》損文而用忠，文質再而復，故《春秋》變文而從質，受命以奉天地，故首建五始，至于治定功成，鳳皇來儀，百獸率舞，而《韶》樂作焉，則始元終麟之道舉，而措之萬世無難矣。」此則「通三統」之說也，故劉氏即據以解說《論語》此章之義焉，今考《禮記・表記》引孔子曰：「虞夏之質，殷周之文，至矣。虞夏之文，不勝其質；殷周之質，不勝其文。」《史記・高祖本紀・贊》曰：「夏之政忠，忠之敝，小人以野，故殷人承之以敬；敬之敝，小人以鬼，故周人承之以文；文之敝，小人以僿，故救僿莫若以忠。三王之道若循環，終而復始。」皆可與《論語》之義相發明，而劉氏所釋，則不免過於深刻矣。

又如《論語・爲政篇》嘗記：

> 子張問：「十世可知也？」子曰：「殷因於夏禮，所損益可知也；周因於殷禮，所損益可知也；其或繼周者，雖百世可知也。」

劉氏《論語述何》釋之曰：

> 繼周者，新周故宋，以《春秋》當新王，損周之文，益夏之忠，變周之文，從殷之質，百世以俟聖人而不惑者也，循之則治，不循則亂，故云可知。

今案《公羊傳》隱公元年徐彥《疏》引何休《文謚例》曰：「三科九旨者，新周、故宋、以《春秋》當新王，此一科三旨也。」又莊公七年何休《解詁》曰：「《春秋》黜杞、新周、而故宋，以《春秋》當新王。」又宣公十六年何休《解詁》曰：「孔子以《春秋》當新王，上黜杞、下新周、而故宋。」此亦「通三統」之義也，故劉氏《逢祿》，乃據之以說《論語》此章。然而，何晏《論語集解》引馬融釋《論語》此章曰：「所因，謂三綱五常。所損益，謂文質三統。」邢昺《論語注疏》曰：「文質，夏尚忠，殷尚質，周尚文。三統，夏正建寅爲人統，商正建丑爲地統，周正建子爲天統。」朱子《論語集注》曰：「三綱五常，禮之大體，三代相繼，皆因之而不能變。其所損益，不過文章制度，小過不及之間，而其已然之迹，今皆可見，則自今已往，或有繼周而王者，雖百世之遠，所因所革，亦不過此，豈但十世而已乎！」蓋皆以爲，所可變者，典章制度之事也，不可變者，人倫綱常之大也，夫子所重，胥在於此，而劉氏逢祿，乃以《公羊》新周故宋等義，以說《論語》，大旨雖尚可通，而兩書宗主，畢竟不同，劉氏所釋，不免曲折以求解者也。又如《論語·八佾篇》嘗記：

子曰：「夏禮，吾能言之，杞不足徵也。殷禮，吾能言之，宋不足徵也。文獻不足徵也，足，則吾能徵之矣。」

劉氏《論語述何》釋之曰：

夫子於杞得《夏時》，以言夏禮，於宋得《坤乾》，以言殷禮，惜其文獻皆不足徵，故采列國之史文，取《夏時》之等，《坤乾》之義，而寓王法於魯，黜杞故宋，因周禮而損益之，以治百世也。

今案《禮記·禮運》引孔子曰：「我欲觀夏道，是故之杞，而不足徵，吾得《夏時》焉。我欲觀殷道，是故之宋，而不足徵也，吾得《坤乾》焉。」可與《論語》此章，相互發明，然夫子之義，僅言夏商二代之典禮也，而劉氏逢祿，乃引申之，以說《春秋》王魯黜杞故宋等事，考董仲舒《春秋繁露·三代改制質文篇》曰：「《春秋》應天作新王之事，時正黑統，王魯尚黑，絀夏新周故宋。」皮錫瑞《春秋通論》亦曰：「古王者興，當封前二代子孫以大國，爲二王後，並當代之王爲三王，又推其前五代爲五帝，封其後以小國，又推其前爲九皇，封其後爲附庸，又其前爲民，殷周以上皆然，然則有繼周而王者，當封殷周爲二王後，改號夏禹爲帝，《春秋》託王於魯，爲繼周者立法，當封夏之後以小國，故曰絀夏，封周之後爲二王後，故曰絀周。」❻此皆《公羊》家王魯黜杞故宋之說也，然而，持與《論語》此章相較，則恐非夫子之用心也。

## 丙　評　論

劉氏逢祿，既取《公羊》之旨，以說《論語》，故於《論語》一書，苟見其可以牽附之處，遂不煩語語引歸《春秋》之義，《論語述何》書中，例如〈學而篇〉釋「學而時習之」，劉氏乃曰，「學謂刪定六經也」，釋「人不知而不慍」，劉氏乃曰，「知我者其惟《春秋》乎」，釋「本立而道生」，劉氏乃曰，「謂始元終麟，仁道備矣」，〈爲政篇〉釋「五十而知天命」，劉氏乃曰，「謂受命制作，垂教萬世也」，〈八佾篇〉釋「天將以夫子爲木鐸」，劉氏乃曰，「知將受命制作《春秋》，垂教萬世也」，〈述而篇〉釋「二三子以我爲隱乎」，劉氏乃曰，「《易》本隱以之顯，《春秋》推見至隱」，〈子罕篇〉釋「鳳鳥不至，河不出圖」，劉氏乃曰，「此言乃在獲麟之後，獲麟而死，天告夫子以將沒之徵」，〈顏淵篇〉釋「盍徹乎」，劉氏乃曰，「宣公稅畝，於公田之處，復加用徹法，《春秋》譏之」，釋「君子成人之美」，劉氏乃曰，「《春秋》成隱之讓，以著立子法」，〈衞靈公篇〉釋「樂則《韶》舞」，劉氏乃曰，「《春秋》撥亂反正，文成致麟，猶堯舜之隱，鳳皇來儀」，〈季氏篇〉釋「十世希不失矣」，劉氏乃曰，「齊自僖公小霸，桓公合諸侯，歷孝、昭、懿、惠、頃、靈、莊、景，凡十世，而陳氏專國」，「魯自隱公僭禮樂，滅極，至昭公出奔，凡十世」，此其大較也。

夫《春秋》爲孔子所製作，《論語》記聖人之言行，二書之間，容有相關相涉之處，亦屬常情，即就前節所舉諸例言之，如〈八佾篇〉「周監於二代」章、〈爲政篇〉「百世可知也」章、〈八佾篇〉「夏禮吾能言之」章，則劉氏所釋，其《公羊》之旨，與《論語》之義，實理有互通者也；然如〈爲政篇〉「多見闕殆」章、〈先進篇〉「先進於禮樂」章、〈述而篇〉「與其進也」章，則劉氏所釋，雖多采《公羊》之旨，而與《論語》之義，實相去懸遠，嫌於不類者也。然則，《論語》之與《春秋》，有義若有相近者，不妨取以參證，相互發明，其義若不相關者，則亦不當過爲曲解，說以非常異議可怪之論，而求其貌似也。《論語述何》一書，劉氏所釋，多以《春秋》之旨，以說《論語》，此在劉氏，亦自有其依據存焉，劉氏《論語述何·敍》曰：

《後漢書》稱何卲公精研《六經》，世儒莫及，作《春秋公羊解詁》，覃思不窺門，十有七年矣，又注訓《孝經》《論語》，《風角》《七分》，皆經緯典謨，不與守文同說，梁阮孝緒《七錄》、《隋經籍志》，不載何注《孝經》《論語》之目，則其亡佚久矣，唯虞世南《北堂書鈔》，有何休《論語》一條，大類董生正誼明道之旨，史稱董生造次必於儒者，又稱何君進退必以禮，二君者，游於聖門，亦游夏之徒也，《論語》總六經之大義，闡《春秋》之微言，固非安國康成，治古文者所能盡，何君既不為守文之學，其本依於齊魯古論，張侯所定，又不可知，若使其書尚存，張於六藝，豈少也哉！今追述何氏《解詁》之義，參以董子之說，拾遺補闕，冀以存其大凡。

今案虞世南《北堂書鈔》卷九十六引何邵公《論語注》一條，曰：「君子儒將以明道，小人儒則矜其名。」劉氏《論語述何》，於〈雍也篇〉「子謂子夏曰，女爲君子儒，無爲小人儒」一章，即引何氏此條之注，以相闡釋。然而，侯康《補後漢書藝文志》於《何休論語注》一書則曰：

《北堂書鈔》卷九十六引《論語何休注》云：「君子儒將以明道，小人儒則矜其名。」康案《隋唐志》已不著錄，虞氏未必見其書，所引二語，與何晏《集解》引《孔注》同，未知「休」字為「晏」字傳寫之訛，抑虞氏從他書轉引也。❼

曾樸《補後漢書藝文志並考》於《何休論語注》一書亦曰：

案《范書》稱休注《論語》，今考《書鈔》卷九十六引「君子儒將以明道，小人儒則矜其名」，稱何休《論語注》，侯氏謂此二語與何晏《集解・孔注》同，疑「休」為「晏」字譌，然愚見曹楝亭本《北堂書鈔》，引此但稱「何注」，並無「休」字，《書鈔》譌脫已久，未知孰是？❽

江瀚於《續修四庫全書提要》中《論語述何》一書則曰：

今考何晏《論語集解》，「女為君子儒」章，載「馬曰」：「君子儒將以明道，小人儒則矜其名。」皇侃《義疏》作「馬融曰」，邢昺《正義》作「孔曰」，《史記・仲尼弟子列傳》裴駰《集解》引作「何晏曰」，則以其見於何氏《集解》也，《北堂書鈔》乃誤作「何休曰」，逢祿不讀《注疏》，於是妄斷何休有《論語注》，因撰《述何》，自謂大義微言所在，不知郢書燕說，根本先錯矣。❾

今案《後漢書》卷六十九《儒林傳》，既謂何休有《論語》之注訓，則邵公之確有是書，當毋庸置疑，唯其亡佚已久，早已失傳，且何晏撰《論語集解》，所引各家之注，不及何休，則其書在魏晉之際，恐已罕見。至於《論語·雍也篇》「子謂子夏曰，女爲君子儒，無爲小人儒」，何晏《集解》於所注「君子儒將以明道，小人儒則矜其名」，邢昺《注疏》本明謂出之「孔曰」，不作「馬曰」，皇侃《義疏》本乃作「馬融曰」，而劉寶楠《論語正義》則曰：「《北堂書鈔》九十六引何休注文同，當是何晏之誤。」要之，綜合上述各家所論，則《北堂書鈔》所引「何休」之注，其屬「何晏」之訛，當爲可信。然則劉氏逢祿，專據《書鈔》孤證一條，且不論其訛誤與否，即加推闡，以爲能存何休「論語注訓」之大凡，是不免冀望過毀，遠於事實者矣。

且夫劉氏逢祿，嘗撰《左氏春秋證考》一書，以爲《左傳》之名，蓋爲劉歆所改，考之《太史公書》，當名《左氏春秋》，亦猶《晏子春秋》與《呂氏春秋》之例也，因曰：「事固有離之則雙美，合之則兩傷者，余欲以《春秋》還之《春秋》，《左氏》還之《左氏》」，「冀以存《左氏》之本眞。」❿然則，劉氏於《論語》一書，奈何不曰：「以《公羊》還之《公羊》，以《論語》還之《論語》，以存《論語》之本眞」，而必欲使之「兩傷」耶？是誠不可解於心者也。

總之，《論語》記聖人之言行，爲「《五經》之錧鎋」⓫，則六經之大義，時或見於《論語》書中，本無足怪，學者於此，求其會通，可也，唯不當援彼釋此，紊亂家法，穿鑿傅會，罔顧事實，而以《公羊》之說，強坐爲《論語》之義也。

## 丁 結語

綜合前文析評所得，猶可略加敘述，小結如後：

其一，劉氏逢祿，專研《春秋》之學，尤重《公羊》一書，蓋嘗主張，「《春秋》者，《五經》之筦鑰也」⑫，故所著書，多以羽翼《春秋》，自成體系，爲其依歸，故於《論語述何》書中，多采《公羊》義旨，轉相詮釋，蓋亦視《論語》之書，爲其《公羊》學中之一環者矣。

其二，劉氏僅據《北堂書鈔》所引《何注》一條，單文孤證，即爲推論，況此孤證，可信與否，猶待斟酌者耶？所據前提，既非可信，以此立說，不啻築室層沙，傾圮之患，亦將隨之而至也。

其三，注疏之體，本重客觀，注者爲之，當以附庸自居，隨順經籍，闡釋眞義，此在《論語》而言，則劉氏《述何》一書，不免先立宗旨，穿鑿曲解，重違聖賢之心意，亦難能取信於世人也。

其四，《論語》之與《春秋》，並屬孔門經籍，義有近似，亦其當然，其可以引申發揮，義非過遙者，自不妨相互比參，觀其會通，其乃有宗主各異，義不同科者，亦不宜強求其同，俾免於膠柱鼓瑟，以偏概全也。

其五，劉氏《論語述何》一書，采《公羊》之旨，以釋《論語》，蔑棄家法，破壞顓門，此例既開，後進循之，漫無際限，故宋翔鳳遂著《論語發微》、戴望遂著《論語注》、劉恭冕遂著《何休注論語述》、王闓運遂著《論語訓》，皆競以《公羊傳注》說《論語》矣，而康有為所著《論語注》，尤為變本而加厲焉，悍然乃以近世之政制傅會夫子之言語矣⓭，則追根究柢，劉氏《述何》一書，實有以導夫先路，而不得辭其咎也。

其六，劉氏以《春秋》一書，為群經故籍之中心，以視《論語》，自亦為其《春秋》學中之一支，求其能夠羽翼《公羊》之說，足矣。然而，此文之作，還就《論語》本身之立場而言，以觀劉氏《述何》一書，則不免見其多乖於注疏之常規也。

其七，設就清季學術演變言之，則《論語述何》一書，其中關切於時務者，較之《公羊何氏釋例》，雖頗少見，然而，學士大夫，能不囿於當時之風氣，假托故籍，別制新義，進求致用，則其所顯現之開創精神，亦自有難能而可貴者在也，其於思想史上，實當有其應具之地位存焉。

## 附注

❶ 道光二十年（西元一八四〇年），鴉片戰爭起，二十二年，中英南京條約訂立。咸豐七年（西元一八五七年），英法聯軍陷廣東，八年，陷大沽，天津條約訂立，十年，英法聯軍入北京，清帝避難熱河，天津續約訂立。

❷ 劉逢祿生於乾隆四十一年，卒於道光九年，當西元一七七〇年至一八二九年。

❸ 此據《皇清經解》本，下引並同。

❹ 此據《皇清經解》本，下引並同。

❺ 此據《皇清經解》本，下引並同。

❻ 見《春秋通論》「論存三統明見董子書並不始於何休據其說足知古時二帝三王本無一定」條，此據河洛出版社景印本。

❼ 此據開明書店二十五史補編本。

❽ 此據開明書店二十五史補編本。

❾ 此據臺灣商務印書館排印本。

❿ 見劉氏所著《左氏春秋考證・敍》。

⓫ 見趙岐《孟子題辭》。

⓬ 見劉氏所著《公羊何氏釋例・敍》。

⓭ 筆者有〈試論康有爲《論語注》中之進化思想〉一文，刊載於國立中興大學文史學報第二十期，可資參考。

（此文原刊載於國立中山大學《第二屆清代學術研討會論文集》，民國八十年十一月出版）

# 三 方東樹〈辨道論〉探析

## 甲 引言

方東樹字植之，晚號儀衛，清安徽桐城人，生於乾隆三十七年，卒於咸豐元年（當西元一七七二年至一八五一年），享年八十歲。

東樹之曾祖名澤，字苧川，生平論學，專宗朱子，姚氏惜抱，嘗從問學，東樹年二十二，補諸生，師事惜抱，相從最久，後客遊授經，先後主安徽巡撫胡克家、兩廣總督阮元幕，分纂《江寧府志》與《廣東通志》，又主講韶州書院、宿松書院、祁門書院。

東樹性高介，不隨人俯仰，好盡言，論道德文藝，必抉其所以然，在粵著〈匡民正俗對〉，主嚴煙禁，又著〈病榻罪言〉，論自強之策，客阮元幕時，論學與阮氏不合，乃著《漢學商兌》，反復申辨，又慮漢學之變，或流於空談性命，不守孔子下學上達之序，乃著〈辨道論〉，以鍼砭姚江山陰牴牾朱子之誤。

東樹少有用世之志，於禮樂刑法河漕水利錢穀關市，皆嘗究心，所著之書，語其要者，除《漢學商兌》三卷之外，尚有《書林揚觶》二卷，《昭昧詹言》六卷、《儀衛軒文集》十

二卷等等。❶

## 乙　探　析

方氏〈辨道論〉一文，蓋以抵排象山陽明，彰明程朱之學，爲其目的，茲就該篇大旨，試作探究，分析如後：

### 一、論朱陸有頓漸之差異

朱陸異同，爲學術史上爭辯不已之問題，方氏於此，亦特爲措心焉，方氏〈辨道論〉云：

以孔子為歸，以《六經》為宗，以德為本，以理為主，以道為門，旁開聖則，蠢迪撿押，廣而不肆，周而不泰，學問之道，有在於是者，程朱以之。

又云：

以孔子為歸，以《六經》為宗，以德為本，以理為主，以道為門，以精為心，以約為紀，廣而肆，周而泰，學問之道，有在於是者，陸王以之。❷

方氏以爲，孔子乃儒學之宗師，孔子以後，孟子荀卿，傳道傳經，各爲大師，學脈已分，降及後世，學者沿波，亦各循此途轍，衍生不已，及乎宋代，朱子與象山，各自奮起，雖皆以孔子爲學術之依歸，以《六經》之要義爲宗旨，本乎德性，闡發義理，其道雖同，然而，其勢所趨，則不相侔，由是程朱陸王，遂有異同之辨存焉，〈辨道論〉又云：

> 孔子曰：「天下同歸而殊塗，百慮而一致」。所從入之塗不齊，則不謀，故小人在利若水，君子在勢若水，水也者，其源異，其委一也。陸王程朱，同學乎聖，同明乎道，同欲有以立極於天下，然而不同者，則所從入有頓與漸之分也。

方氏以爲，陸王程朱，所學同以孔子爲依歸，而趨向有所不同者，其主要原因，乃在於從入之途，有「頓」「漸」之不同，至於「頓」「漸」相異之意義，則方氏亦爲之詳加解釋，〈辨道論〉云：

> 何謂頓漸？佛氏言化法四教有頓漸，猶箕子所云高明也、沈潛也，程朱者，取於漸，陸王者，取於頓，頓與漸互相非，而不相入，而不知其原於三德也。

今案佛教天台宗於釋尊說法之內容，判爲藏、通、別、圓四教，以此四教，爲化導衆生之法門，故曰「化法四教」，又於釋尊說法之儀式作法，分爲頓、漸、秘密、不定四種，稱爲「化儀四教」，「化儀四教」與「化法四教」，合稱「八教」，故佛教於頓成之教法，名曰「頓教」，於漸成之教法，名曰「漸教」。其學者能頓然破除妄念，覺悟眞理者，稱爲「頓悟」，其漸次覺悟者，稱爲「漸悟」。方氏於此，即舉《尚書・洪範篇》中所謂「高明柔克、沈潛剛克、平康正直」之「三德」，用以譬喻佛教之頓漸，以爲「頓教」之義，相當於「高明柔克」，「漸教」之義，相當於「沈潛剛克」，而以爲程朱爲學之途，有取於「漸」，陸王爲學之途，有取於「頓」，而「頓」與「漸」相互非議，故朱陸之異，亦難於相合也。方氏〈辨道論〉又云：

人之生，得全於陰陽之性者，聖人耳，唯聖，生似知頓，而不可以頓名也；其次，不

毗於陽，則毗於陰，其性如火日之光，而無不照也，而稍速，則毗於陽者也，是頓也；

其性如金水之光，而無不照也，而稍遲，則毗於陰者也，是漸也，則皆次於生知者也。

方氏以爲，人生於世，唯聖人方得稟全於陰陽之性，方得以生而知之，自非聖人，中人以下，則其稟賦，或偏於陽，或偏於陰，人之稟賦，旣有偏勝，從學之途，或頓或漸，由是亦不免分歧，故方氏以爲，程朱陸王之分，即取於或頓或漸之不同者也。

宋淳熙二年，朱熹與陸九淵，會講於江西鵝湖書院，所見不合，宗旨各異，兩家弟子，各擁師說，門派遂分，自宋迄元，朱學稍勝，馴至明代，王守仁特尊陸學，因取朱子語錄中近於象山者，輯爲〈朱子晚年定論〉，蓋謂朱子之學，迄至晚年，已同於陸氏。此在當時，羅欽順已移書駁之，以爲陽明所取朱子諸語，每在未見象山之前，是故晚年定論之說，未足爲據，萬曆年中，東莞陳建，撰《學蔀通辨》，又尊朱攻陸，自是朱陸異同之辨，勢同水火矣。

自來論朱陸之異同者，或以朱子主敬，象山主靜別之；或以朱注群經，陸主《六經》皆我注脚別之；或以朱主即物窮理，陸主心即理別之；或以朱主道問學，陸主遵德性別之；或以朱主形下，陸主形上別之；或以朱主博學，陸主守約別之。要亦言之成理，持之有故，而方氏東樹，知陸王之近禪也，故以佛氏頓漸之教，分別程朱陸王之異同，是亦深中肯綮，窺見樞要者也。

## 二、尊程朱爲孔門之正傳

程朱陸王，同學聖人，同明至道，而其趨向之異，有如是者，然則，程朱陸王，其爲學也，孰得孔門之正，孰與孔門之學，距離較近，則亦不可不辨者也，方氏〈辨道論〉云：

《傳》曰：「自誠明，謂之性，自明誠，謂之教。」以其學而言，曰性曰教，以其候而言，曰頓曰漸，回其頓乎，參其漸乎！然而孔子立教，頓非所以也，孔子立教，必以漸焉。

《中庸》所謂「自誠明」者，指聖人之德，俱足於性，故能明無不照，「自明誠」者，指賢人之學，由教而入，以次進於天德，是故方氏於此，即取《中庸》誠明性教，比喻頓漸之義，而以顏回有頓悟之資，曾參爲漸悟之賦，且又以孔子立教，必歸之於「漸」焉。方氏〈辨道論〉云：

《論語》曰：「吾十有五而志於學，三十而立，四十而不惑，五十而知天命，六十而耳順，七十而從心所欲，不踰距。」《中庸》曰：「君子之道，譬如行遠必自邇，譬如登高必自卑。」其列誠之目五，曰博學之，審問之，慎思之，明辨之，篤行之。顏子之照，鄰於生知矣，而夫子教之，必曰博文，必曰約禮，及顏子既見卓爾而追思得之之功，歎以為循循然善誘人，則夫子立教，不唯頓之以，而唯漸之以，亦明矣。

方氏先引《論語》夫子自述之言，以明孔子爲學，自少至長，各有層次，歷有進境，年愈長而學愈成也。其次，方氏又引《中庸》之言，以明學有漸進之途，人之爲學，必自博學、審問，方能至於愼思、明辨，以至底於篤行之功也。因是方氏以爲，顏回在孔門弟子之中，天資最爲敏銳，聞一知十，卓爾不群，故可近於生知之境，雖則如此，而孔子教之，亦必告以博文約禮之實，而不欲其蹈虛而陷於玄也。故循循然善誘之，則亦循序漸進，學不躐等之義也，然則孔門弟子之中，以顏回之資，尚且如此，至於其他，則更不必論矣。由是以觀，故方氏遂亦認定，孔子之教，在漸而不在頓也。方氏〈辨道論〉又云：

> 並曾子而聞一貫者，唯子貢，而子貢之言夫子曰：「性與天道，不可得而聞也。」故以實，則顏淵子貢賢於陸王，以迹，則陸王賢於顏淵子貢，且夫由顏淵子貢而至陸氏，是千年而後生也，由陸氏而至王氏，是數百年而後見也。

方氏以爲，孔門弟子，得聞夫子一貫之道者，唯曾子子貢二人，而子貢嘗曰：「夫子之文章，可得而聞也，夫子之言性與天道，不可得而聞也。」然則以曾子子貢，二人才質之優，尚不得與聞性命天道之理，則孔門之教，不務虛玄，從可知矣，故方氏以爲，自資質稟賦言之，顏淵子貢，當賢於陸王，而以縱談天理本體言之，則象山陽明，似賢於顏淵子貢矣，方氏且又以爲，顏淵子貢以後，歷千年始有象山，象山以後，歷數百年而始有陽明，是上智之材過少，而必欲以「頓教」教人，是棄其廣大中庸之人矣。方氏〈辨道論〉又云：

> 古今學者，不絕於中，則漸之所磨以就者多也，漸者，上不至顏淵子貢，而不至欲從而末由，下不至下愚，亦可攀援而幾及，是故程朱之道，為接於孔門至之統者，唯其漸之足循，而萬世無弊也。

方氏以爲，以頓爲教，自顏淵子貢以後，歷經千年，始有象山，象山以後，歷經數百餘年，始有陽明，蓋上智之人少，故傳者極罕，然而古今學者，兩千年來，不絕如縷，則以中庸之人最多，故傳者極夥，此皆以漸爲教之效者也，故凡人之資，雖上不及顏淵子貢，下不至下愚之資，設能磨礪以漸，則皆可以逐步企及，而入於道也，是故方氏以爲，頓漸兩途，以言教化，則當推程朱之學，最無蹈虛之弊，亦最接近孔門之正傳也。

## 三、說知行分先後之次第

傳統儒家學說，自來以知行並重，《論語》所記，其例甚多，降及宋代，程朱論學，則多主先知後行，及乎明代，陽明論學，大倡「知行合一」之說，此兩家也，論其異同，則與究學之途，頓漸之分，實有密切之關係存焉，方氏〈辨道論〉云：

> 夫頓之所得者心悟也，悟心之妙，上智之所難明，今為衆人法，而以上智之所難明，則中人不得與焉矣，為其德之弗明也，而敎之以明德，今以德之不明，而絕於明之望也，則其於敎，亦反矣。故聖人之敎如天，陸王之敎亦如天，聖人之敎如天云者，蒼蒼然東面西面南面北面立於地，而無不見也，陸王之敎如天云者，天不可階而升，則將永為凡民焉，以沒世耳矣。

陸王爲學，主於頓悟，從學之徒，其所得者，遂爲頓教，然方氏以爲，頓教頓悟，雖上智之資，亦甚難明，況中庸之人，爲數最多，爲衆人說法，而以頓悟教之，則是以上智難明之教，期之於中庸之人，則是於中庸之人，絕其受教之望矣，然則教者之用心，豈如是乎？故方氏於聖人與陸王之教，皆喻之如「天」，而「天」有不同，聖人之天，廣大無邊，陸王之天，高不可企，是陸王之教，誠足爲多棄其民者也。方氏且又以爲，陸王之以頓爲教，乃受孟子之影響，方氏〈辨道論〉云：

> 雖然，成陸王之過者，孟子也，子貢之稱夫子曰：「夫子之不可及者，猶天之不可階而升也。」公孫丑之稱孟子曰：「道則高矣美矣，宜若登天然，何不使彼為可幾及而日孳孳也。」公孫丑之言，則適得孔子之意，而孟子引而不發，余故曰，成陸王之過者，孟子也。

方氏以爲，公孫丑稱揚孟子之道，「高矣美矣」，然亦惋惜孟子之道，高不可攀，「宜若登天然，似不可及」，故請孟子，微貶其道，俾使學者，可以唯日孳孳，而漸有進益，以臻於大道也，所惜孟子，引而不發，未能示人以循除之階也，是故方氏以爲，公孫丑之言，適能符合孔子以漸爲教之意也，是故方氏以爲，陸王之好爲高妙，亦孟子之說，有以導夫先路者也。方氏〈辨道論〉云：

> 孟子學乎孔子，而正其統，陸王學乎孟子，而流於佛，夫孟子於孔子，可謂有二道也，而其流已如此，則百家所從分之異路，往而不返，何怪其然也。

方氏以爲，孟子爲孔門之正統，惜乎其立言不愼，以至陸王循之，乃流而入之於佛，故世之學者，不可不愼其趨向也。方氏〈辨道論〉又云：

> 「耳目之官，不思，而蔽於物，物交物，則引之而已矣，心之官則思，思則得之，不思則不得也，此天之所與我者，先立乎其大者，則其小者不能奪也」。此孟子之言也，而陸氏之學，執之以為之術。「人之所不學而能者，其良能也，所不慮而知者，其良

知也，孩提之童，無不知愛其親也，及其長也，無不知敬其兄也，親親，仁也，敬長，義也，無他，達之天下也。」亦孟子之言也，而王氏之學，執之以為之術。陸氏王氏，學乎孟子，則可不謂有大揚搉乎，奚遽入於佛，入於佛者，非允蹈之也，說不免焉。

《孟子・告子上篇》記孟子之言，以爲人之一身，各有所司，耳僅思聽，目僅司視，皆徇外者，而不能思慮，不免爲外物所蔽，亦不免爲外物所牽引，唯心則能爲思慮，能爲思慮判斷，則可以得其天理，思其善性，而外物不能爲蔽，人之耳目心思，雖係天所賦與，而心實爲大，人能先定其大者，則耳目之小者，亦不足影響心之趨向矣。方氏以爲，上述孟子之言，實爲象山所承，以成其「心即理」之學焉。《孟子・盡心上篇》記孟子之言，以爲良知良能，皆人之稟具，本然之善，不假思慮學習者也，即如孩提之童，幼能愛親，長知敬兄，是知仁義之性，爲人所固有，人能推此良知良能，以達天下，則聖人之道，盡於此矣。方氏以爲，上述孟子之言，實爲陽明所承，以成其「致良知」之學焉。然而，方氏以爲，孟子之學，雖爲孔門正統，陸王繼之，承其頓教，則已變其旌幟，遽而入於禪佛之中矣。方氏〈辨道論〉又云：

《易》曰：「知至至之，可與幾也，知終終之，可與存義也。」程子以知至為致知之事，知之在先，故可與幾，知終為力行之事，守之在後，故可與存義，此學之終始也。知食之足以已饑，而後農夫耕稼以繼之，知衣之足以禦寒，而後紅女織紉以繼之，陸氏基址之說是也，惜所以為之基址者非也，先行而後學，以補其知，故曰，其序已倒也。

案程朱論學，主先知後行，《河南程氏遺書》卷十八記伊川之言曰：「人力行，先須要知。」卷十七記伊川之言又曰：「人既能知見，豈有不能行。」卷二十五記伊川之言又曰：「學以知爲本，取友次之，行次之，言次之。」❸《朱子語類》卷九曰：「知行常相須，如目無足不行，足無目不見，論先後，知爲先，論輕重，行爲重。」卷二十四又曰：「見得分明，則行之自有力，乃是知之未至，所以爲之不力。」卷十四又曰：「知與行，工夫須著並到，知之愈明，則行之愈篤，行之愈篤，則知之愈明，二者，皆不可偏廢，如人兩足相先後行，便會漸漸行得到，若一邊軟了，便一步也進不得，然又須先知得，方行得。」❹至於陽明論學，則主知行合一，陽明《傳習錄》上嘗曰：「知是行之始，行是知之成。」又曰：「只說一個知，已自有行在，只說一個行，已自有知在。」《傳習錄》中嘗曰：「知之眞切篤實處即是行，行之明覺精察處即是知，知行工夫，本不可離。」❺是二說不相同也。

然而，程朱爲學，主「性即理」，以爲「人心之靈，莫不有知，而天下之物，莫不有理」，「必使學者即凡天下之物，莫不因其已知之理而益窮之，以求至乎其極。」❻故力主向外窮理，以求盡乎其性。而陽明爲學，主「致良知」，以爲「物理不外吾心」，「吾心之良知，即天理也」，「致吾心良知之天理於事事物物，則事事物物皆得其理矣」❼，故力主向內覓理，以求明其本心。是以剋就知行言之，則程朱所謂之「知」，事物之知也，陽明所謂之「知」，良知之知也，二說本不相侔，而方氏東樹，比而同之，以爲程朱之先知後行爲是，陽明之知行合一爲非，宜其所評陸王之言，未免失當也。

## 四、辨道心與人心之區分

道心與人心之辨，起於程子朱熹，而其依據，則是《僞古文尚書・大禹謨》中所謂「人心惟危，道心惟微，惟精惟一，允執厥中」之十六字心傳，《河南程氏遺書》卷十九記伊川之言曰：「人心，私欲也；道心，正心也。危，言不安；微，言精微。惟其如此，所以要精一。惟精惟一者，專要精一之也。精之一之，始能允執厥中。」又卷二十四亦記伊川之言曰：「人心私欲，故危殆。道心天理，故精微。滅私欲則天理明矣。」至於朱熹，則於所撰〈中庸章句序〉中有曰：「自上古聖神，繼天立極，而道統之傳，有自來矣，其見於經，則允執厥中者，堯之所以授舜也。人心惟危，道心惟微，惟精惟一，允執厥中者，舜之所以授禹也。蓋嘗論之，心之虛靈知覺，一而已矣，而以爲有人心道心之異者，則以其或生於形氣之私，或原於性命之正，而所以爲知覺者不同，是以或危殆而不安，或微妙而難見耳。然人莫不有是形，故雖上智不能無人心，亦莫不有是性，故雖下愚不能無道心。二者雜於方寸之間，而不知所以治之，則危者愈危，微者愈微，而天理之公，卒無以勝夫人欲之私矣。精則察夫二者之間而不雜也，一則守其本心之正而不離也，從事於斯，無少間斷，必使道心常爲一身之主，而人心每聽命焉，則危者安，微者著，而動靜云爲，自無過不及之差矣。」[8]是故朱子以爲，古聖先賢「道統之傳」，即已分別道心人心之異。然而程子朱熹，雖則分別道心與人心之異，然亦不謂道心人心，即屬二心，降及明代，陽明則以此義，責備朱子，以爲朱子區別道心人心，即專主人心有二之說，此其說也，方東樹亦特爲辨正，方氏〈辨道論〉

有云：

《書》曰：「人心惟危，道心惟微。」人心道心，並舉為辭者，堯舜之言也，程子之言曰：「人心即人欲，道心即天理。」朱子之言曰：「道心常為主，而人心聽命焉。」二子之言，一家之說耳，今王氏於程子則是之，於朱子則非之，是乎所是，吾既知其是矣，非乎所非，吾亦知其非也，嗚乎，是所謂未成乎心，而有是非，將欲是其所非，而非其所是也。道心即天理，人心即人欲，道心人心，不容並立，故道心常為主，而人心自聽命焉，今其言曰：「人心之得其正者，為道心，道心之失其正者，為人心，安有天理既為主，而人欲復從而聽命。」嗚呼，是欲明人心道心之非二，以就其轉識成知之指，直所言之迂晦，有不可解耳。

陽明以朱子所論道心人心爲二心者，蓋以陽明力主「心即理」也，故亦指斥朱子二心爲非，今案《傳習錄》卷上記陽明之言曰：

心即理也，此心無私欲之蔽，即是天理，不須外面添一分，以此純乎天理之心，發之事父便是孝，發之事君便是忠，發之交友治民便是信與仁，只在此心去人欲存天理上用功便是。

《傳習錄》卷上又記：

愛問：「『道心常為一身之主，而人心每聽命』，以先生精一之訓推之，此語似有弊。」先生曰：「然，心一心，未雜於人謂之道心，雜以人偽謂之人心。人心之得其正者即道心，道心之失其正者即人心，初非有二心也。程子謂『人心即人欲，道心即天理』，語若分析，而意實得之，今曰『道心為主，而人心聽命』，是二心也。天理人欲不並立，安有天理為主，人欲又從而聽命者？」

陽明既以「心即理」爲宗旨，故主張「心一，也」，以爲「人心之得其正者即道心，道心之失其正者即人心」，故以爲人當於「此心去人欲存天理上用功便是」，故以程子之言爲是，而朱子之言爲非也。方氏於〈辨道論〉中爲朱子辨解，以爲陽明所言，過於迂晦，今考《朱子語類》卷六十二曰：

> 此心之靈，其覺於理者，道心也，其覺於欲者，人心也。

又卷六十一記曰：

> 舜禹相授受，只說「人心惟危，道心惟微」，論來只有一個心，那得有兩樣，只就他所主而言，那個便喚做人心，那個便喚做道心。

然則朱子亦僅謂人心道心，「只有一個心」，而非謂有二心也，《朱子文集》卷三十二〈答張敬夫書〉有曰：

> 蓋心一也，自其天理備具，隨處發見而言，則謂之道心，自其有所營為謀慮而言，則謂之人心。

又卷四十〈答何叔京書〉有曰：

> 心，一也，操而存，則義理明而謂之道心，舍而亡，則物欲肆而謂之人心。[9]

則朱子之言，亦明謂「心，一心」，與陽明所謂「心，一心」，其言不殊，陽明以此責備朱子，未免過於嚴苛。方氏〈辨道論〉又云：

> 儒者之於心也，見為二而主於一，見為二，故有聽命之說。佛氏之於心，亦主於一，而見為一，見為一，故有迷悟之言。王氏之於佛，則可謂同與，蓋佛之教，端末雖異於儒，至其論心之要，退群妄，著一真，精妙微審，非聖人莫能辨也，然則儒何以不由之，固不可也。

又云：

> 且夫王氏之學，旣以全乎佛，而又必混於儒，全乎佛，而凡說之羽翼乎佛者，吾不復闢焉。混於儒，而凡說之冒乎儒害乎儒者，吾方且論之。

方氏以爲，儒佛之於心也，主於一者雖同，至於所見，則有見二見一之異，故儒者有人心聽命於道心之說，而佛者有不能見道即爲迷悟之言，此兩家之相異者也。至於陽明，方氏以爲，王氏之學，全同於佛，而又混之於儒，且有害於儒，故方氏乃起而闢斥之，方氏〈辨道論〉云：

> 人之情有七，曰喜、曰怒、曰哀、曰懼、曰愛、曰惡、曰欲，七者一有不節，則失其中，失其中，而人心肆焉矣，故曰有所亡有所甚，直情而行之也。聖人者，動而處乎中，賢人者，求而合其中。故曰雖有上聖，不能無人心，惟退而聽命焉，斯發而中節耳，且夫動而處中者，不數數也，古者謂之天而不人，今欲以此為學者率，使天下法則，是性無三品也。

方氏以爲，人生而有喜怒哀懼愛惡欲念之情，故不能不爲之節制，以免入於放恣邪僻之行，而人性又有上智下愚與中庸三品之別，故不能不有道心主宰人心之用，是故方氏以爲，人性既有三品之分，則中庸之人爲多，其爲教者，必使中庸之人，能擴充道心，滅去人心，以日入於聖德，是乃善爲教者。至於不考人性之別，有三品之分，則方氏以爲，「亦孟子之過也」。方氏〈辨道論〉云：

孟子曰：「人皆可以為堯舜。」人皆可以為堯舜云者，是瓦石亦有佛性之說也。

又云：

以實言之，孔孟及佛及陸王，其等不同，其皆得乎性之上也同，惟聖人知人性之不能皆上，亦不皆下，故不敢為高論，而恆舉其中焉者以為教，此所以為中庸也，孟子陸王則不然，以己之資，謂人亦必爾，雖曰誘之，以使其至，而不顧導之以成其狂。

又云：

自孟子及陸王，今遠或千年，近者數百年，而不聞復有孟子及陸王者，則孟子及陸王，固自由天授焉，夫以千年數百年而止有一孟子陸王，則是孟子及陸王，固不能人人皆爾，而孟子及陸王，必謂人皆可以為己者，其意甚仁，而其實固莫得也，則皆過高而失中焉之過也，陸氏王氏，其取於孟子也同，其流而入於佛也亦同，而王氏之失彌甚，惟其人心道心之辨，執之者堅也，吾為辨其異，指其失，而其是亦出焉。

方氏以爲，孟子陸王，不審己身稟上聖之資，而以己身能行之事，期之中庸以下之世人，推其用心，雖則以仁愛爲念，要其踐行，則世人爲之甚難，方氏以爲，此其說也，亦以陽明之言，流失最巨。要之，皆孟子佛家之言，有以導之者也。方氏〈辨道論〉又云：

夫惟不能無人心，故曰危，惟不能常道心，故曰執，今曰：「道心之外，不可增一人心也。」又曰：「天理在吾心，本完全而無待於存也。」嗚呼，談亦何容易耶？未嘗反躬，故其言誣，未嘗用力，故其言僭而不可信，顏淵問仁，子曰：「克己復禮。」及請其目，則告以非禮勿視聽言動，今曰：「學者但明理，理純則自無欲。」嗚呼，為此言者，是求勝於堯舜孔子也，不辨乎此，則天下之真是，何所定哉！

方氏以爲，人心之變化莫測，故聖人以「危」名之，道心之不易常存，故聖人以「執」勉之，顏淵問仁，孔子以庸言庸行示之，是皆爲中材以下之人說教，而不爲上智之人說法也。而陽明專以「明理」爲教，是專爲上智人說法，其用過狹，故不爲方氏所取也。

## 丙 結語

方氏東樹，平生爲學，專宗程朱，嘗自謂「生平觀書，不喜異說」，「惟於朱子之言有獨契，覺其言言當於人心，無毫髮不合，直與孔曾思孟無二」，「見人著書與朱子爲難者，輒恚恨」⑩然而方氏生當清代乾隆嘉慶年間，正值漢學考證鼎盛之時，方氏以爲，漢學諸儒，「以《六經》爲宗，以章句爲本，以訓詁爲主，以博辨爲門，以同異爲攻，不概於道，不協於理，不顧其所安，騖名干澤，若飄風之還而不儻，亦闢乎佛，亦攻乎陸王，而尤異端寇讎乎程朱，今時之敝，蓋有在於是者，名曰考證漢學，其爲說，以文害辭，以辭害意，棄心而任目，刓敝精神，而無益於世用，其言盈天下，其離經畔道，過於楊墨佛老」⑪，「名爲治經，實足亂經」⑫，因撰《漢學商兌》一書，以排拒之。

且清代繼明代之後，明人講學，特崇陸王，迄至乾嘉之際，程朱雖爲官學，而陸王之學，仍伏流不息，勢力仍在，方氏見此，有以憂之，故特撰〈辨道論〉一篇，以攘拒之，其於陽明所說，闢斥尤力。

方氏嘗撰《書林揚觶》一書，書成，姚瑩爲之〈題辭〉曰：「〈辨道論〉爲域中有數文字，此與《漢學商兌》，尤域中有數書也。」⓭要之，自《漢學商兌》與〈辨道論〉中，可以窺見方氏尊崇朱子，排拒異端之用心，雖則，一駁漢學，一斥陸王，然而，其在學術史上，則皆屬極爲重要之公案也。

曩者，余嘗草〈方東樹「漢學商兌」書后〉一文，評析方氏牴排漢學之說，⓮茲篇之作，則係專爲探析方氏〈辨道論〉中駁斥陸王學說者也，故乃爲之分析探究，得其大旨，約有四端，聊供參稽云爾。

## 附注

❶ 參鄭照福所撰《方儀衞先生年譜》，此據民國六十七年臺灣商務印書館初版本。

❷ 此據徐世昌所主纂之《清儒學案》（民國六十五年燕京出版社印行本）卷八十九所徵引者，下引並同。

❸ 此據民國七十一年三月里仁書局印行本，下引並同。

❹ 此據一九八七年六月華世出版社印行本，下引並同。

❺ 此據民國七十二年十二月學生書局出版陳榮捷所著《王陽明傳習錄詳註集評》本。

❻ 見朱熹《四書集注》所錄程子〈格物補傳〉，此據民國五十六年十一月世界書局印行本。

❼ 見《傳習錄》卷上。
❽ 見朱熹《四書集注》。
❾ 此據《四部叢刊》本。
❿ 見方東樹《漢學商兌·三序》。載方氏《書林揚觶》。
⓫ 見方東樹〈辨道論〉。
⓬ 見方東樹《漢學商兌·序例》，此據民國五十二年元月廣文書局印行本。
⓭ 此據蘇州護龍街中文學山房印行。
⓮ 載拙著《清代學術史研究》，民國七十七年二月學生書局出版。

（此文原刊載於國立中興大學《文史學報》二十四期，民國八十三年七月出版）

# 四　陳蘭甫《東塾雜俎》書后

清代末葉，粵中大儒，世咸推番禺陳蘭甫先生爲巨擘❶，蘭甫先生撰作宏富，著述滿家，其最要著，厥爲《東塾讀書記》，《讀書記》爲札記體裁，書凡二十五卷，蘭甫先生生前，僅刻成一十五卷，其餘未定之稿本十卷，先生遺命，名曰《東塾雜俎》❷，先生歿後，因循未刊，而海內睪望，競欲先睹，迨及民國三十二年，歲次癸未，合肥王揖唐、紹興周肇祥等，始刊成於北平古學院中，列爲《敬躋堂叢書》之一，《東塾雜俎》一書，至是方獲流傳於世。

《東塾讀書記》預定撰成爲二十五卷，其卷一至卷十二，分別記述《孝經》、《論語》、《孟子》、《易》、《尚書》、《詩》、《周禮》、《儀禮》、《禮記》、《春秋三傳》、小學、諸子，卷十五鄭學，卷十六三國，卷二十一朱子，凡上已刻成者共十五卷，其餘未刊成者，計有卷十三西漢，卷十四東漢，卷十七晉，卷十八南北朝隋，卷十九唐五代，卷二十宋，卷二十二遼金元，卷二十三明，卷二十四國朝，卷二十五通論，共爲十卷。

古學院所刊《東塾雜俎》，共分爲十四卷，其卷一西漢，卷二東漢，卷三晉，卷四南北朝隋，卷五唐五代，卷七宋，卷九遼金元，卷十明，卷十一國朝，卷十二通論，此十卷者，即蘭甫先生《東塾讀書記》中原列目錄所有，而迄未刊成者也，其餘卷六唐疏，卷八南宋，卷十三餘錄，卷十四瑣記，則係《東塾讀書記》中原列目錄所未嘗見及者也。

《東塾雜俎》之中，有特爲措意會通漢宋學術之郵者，蓋清代學術標榜漢學，而與宋代理學，相互峙立，蘭甫先生則以爲，峻門戶，標宗旨，何嘗眞有得於漢宋學術之源者乎，故於漢宋學術，力主會通調和，以爲學者究學，當兼取漢宋之長，而各棄其短，俾可以入於大通之途，《東塾雜俎》卷二有云：

> 前明尊宋儒而盡棄漢唐注疏，近儒尊漢學而盡棄程朱之書，皆非所以求道真、廣異義也。

故蘭甫先生論學，不取漢學宋學，交互攻擊，各得一偏，而必務持其平，以求會通大義，取證訓詁，《東塾雜俎》卷六有云：

> 《禮記正義·序》云：「必取文證詳悉，義理精審。」文證義理二者，《孔疏》不偏廢也，宋儒但說義理，近儒但取文證，皆偏也。

蘭甫先生之究學也，早年讀漢儒書，中年讀宋儒書，晚年論學，乃不取門戶爭勝之說，而以爲漢宋學術，各有所長，後人讀書爲學，但能調和於訓詁大義之間，無所偏宕，其意自足，故蘭甫先生於漢儒之中，致力表章鄭玄義理之言，於宋儒之中，致力表章朱子訓詁之論，皆所以力求會通兩家之郵，進而求會通漢宋之學術也。

《東塾雜俎》之中，有特爲表章漢儒之義理者，蓋世之言學術流別者，率以爲漢儒多言訓詁，宋儒多言義理，蘭甫先生則以爲，漢儒亦自有其義理之學，《東塾雜俎》卷二有云：

> 近人謂宋儒講義理，譏漢儒不講義理，此未見漢宋人書者也，宋人有文集有語錄，漢人不但無語錄，並無文集，其講義理，唯在注經耳。

又云：

無學之人，不知漢宋時代之不同，但以宋儒多講道學之語，而漢儒無之，遂以為漢儒不識義理，此不通之極也。

蘭甫先生以爲，漢儒雖無語錄文集之書，然其義理之言，則寄託於古經注釋之中，故漢儒假古經注釋而兼寓其義理之言，此其表達方式，容與宋儒不同，而論其實質，則不盡相異也，《東塾雜俎》卷二又云：

今人言漢儒之學，乃指其訓詁之學耳，其實，漢儒義理之明，德行之高，皆不亞於宋儒，澧取其講義理者，編為《漢儒通義》一書矣，唯《通義》一書，不加案語，今取數條而發明之，如《春秋繁露》云：「聖者法天，賢者法聖。」即濂溪所謂「賢希聖，聖希天」也，《毛詩・板・傳》云：「王者天下之大宗子。」即橫渠所謂「大君者吾父母宗子」也。

蘭甫先生表章漢儒義理，擇取漢儒古經注釋之語，整齊排纂，各以類聚，綜爲一書，而名之曰《漢儒通義》，俾使漢儒義理之學，重獲章顯，其書雖不免有比附宋儒義理之處，然能闡發幽潛，有功漢儒，爲不小矣。

《東塾雜俎》之中，有盛推東漢風俗之美者，蓋以東漢之初，帝王將相，莫不崇尚儒術，篤好經學故也，《東塾雜俎》卷二云：

光武初之長安，受《尚書》，略通大義（〈本紀〉），軍旅間，賊檄日以百數，猶以餘暇，講誦經書（《後漢紀》卷五），東西誅戰，不遑啓處，然猶投戈講藝，息馬論道（〈樊準傳〉後樊宏〈疏〉），馬援稱其經學博覽，前世無比（〈馬援傳〉），洎乎中興，愛好經術，未及下車，先訪儒雅，採求闕文，補綴漏逸（〈儒林傳·序〉），中年以後，干戈稍戢，專事經學，自是其風世篤焉（〈儒林傳·論〉），自古帝王篤好經學，如光武者，未之有也，此東漢經學所以獨盛於歷代也。

又云：明帝游意經藝，每饗射禮畢，正坐自講，諸儒並聽，多徵名儒，布在廊廟，每讌會，則論難衎衎，共求政化（〈樊準傳〉後樊宏〈疏〉），此東漢政化所以獨高千古，而儒者所以有益於天下也。

又云：章帝先備弟子之儀，使張酺講《尚書》一篇，然後修君臣之禮，此東漢師道所以獨隆也。

又云：明德馬皇后能誦《易》，好讀《春秋》、《楚辭》，尤善《周官》、《董仲舒書》，常與章帝旦夕言道政事，及教授諸小王《論語》經書。

又云：鄧禹年十三，能誦《詩》，受業長安，篤行淳備，事母至孝，天下既定，常欲遠名勢，有子十三人，各使守一藝……馮異好讀書，通《左氏春秋》，為人謙退不伐，賈復剛毅方直，多大節，少好學，習《尚書》，耿弇少好學，習父業，學《詩》《禮》，耿純、王霸、劉隆、陳俊，亦皆學於長安，二十八將，德行經學純篤者如此之多，較之販繒屠狗者相去霄壤矣，三代以上不敢知，三代以下所未有也。

東漢之帝王后妃將相，窮經讀詩好禮樂者如是其多，無怪乎上有所好，下必從之，遂能衍大其盛而馴以爲風氣焉，此東漢經術士風所以獨稱比隆於三代也，蘭甫先生當晚清末季，有感於士風日頹，經術隳棄，故乃力主師法漢儒經學，且當因漢儒之學，而師法漢儒之行，以求挽救沉淪也。

《東塾雜俎》之中，亦有強調諸經注疏之要者，蓋自唐代貞觀年間，詔孔穎達、賈公彥、馬嘉運等，撰《五經正義》，頒行天下，由是言經學者，奉爲圭臬，遂爲士子誦習之資矣，然自清代中葉以下，士風丕變，人不樂學，讀書者旣少，而經疏遂有淪夷鄙棄之虞，故蘭甫先生論治經學，亦特重研讀注疏，爲其途轍，《東塾雜俎》卷六有云：

為學以治經為本，治經以注疏為先，疏雖近煩，而學者讀之，正可藥其不耐煩之病，故余告學者，總以圈點注疏為功課，此即治心之法，此即求放心也，學問與心性合而為一者也。

注疏繁瑣，人以爲病，而蘭甫先生以爲，究學讀書，必當以降心耐煩爲主，閱讀注疏，或加圈點，則正屬治心之法，苟能如此，不唯於讀經有益，於收束身心，亦有所助益也，況注疏之中，多有要義存焉，《東塾雜俎》卷六又云：

《禮記正義》多發明禮意，如《曲禮》「毋不敬，儼若思，安定辭，安民哉」，《正義》曰：「明人君立治之本，當肅心謹身愼口之事。」諸如此類簡明者甚多。

又云：

《學記》「君子之於學也，藏焉修焉，息焉游焉」，《正義》曰：「君子之人，為學之法，恆使學不離身，藏謂心當懷抱學業也，修謂修習不能廢也，息謂作事倦息之時，而亦在學也，游謂閒暇無事游行之時，而亦在於學，言君子於學，無時暫替也。」《論語》「時習」，朱子以為「時時習之」，即此意，謝上蔡云：「坐如尸，坐時習也，立如齋，立時習也。」不及此《疏》之醇實矣。

蘭甫先生以爲《注疏》《正義》之中，頗多精實要妙之言，可資參究者，是故研讀經籍，必自注疏入手，乃能於身心學問，皆有進益也，蘭甫先生且又以爲，欲讀注疏，必需低首下心，自頭至尾，字字讀之，方能有所受用，故亦主張，「讀注疏自首至尾者，經學也，隨意檢閱者，非經學也」❸，蘭甫先生甚且以爲，士子究學讀書，不肯低首下心，讀一部注疏，極其弊也，可以使天下亂，此則推原究始，論其因緣，確有如是之影響，非樹危言以聳動世俗之聽聞者也。

《東塾雜俎》之中，往往有表彰歷代之大儒者，蓋自漢唐以下，歷代大儒，其有學行高潔，足資欽佩者，蘭甫先生亦率多爲之表揚章顯也，縱觀此書之中，蘭甫先生所特加措意者，則似尤在東漢盧植、唐代韓愈、宋代范仲淹、以及明代之方孝孺與清初之顧亭林焉（至於鄭玄與朱子，則《讀書記》中，已有專章爲之顯揚矣），《東塾雜俎》卷二有云：

盧植少與鄭玄俱事馬融，能通古今學，好研精而不守章句，闔門教授，性剛毅有大節，常懷濟世志，不好辭賦，能飲酒一石，獻書以規竇武，作《尚書章句》、《三禮解詁》……黃巾賊起，植征之，連戰破賊帥張角，斬獲萬餘人……何進謀誅中官，召董卓，植固止之，不從，董卓議欲廢立，群僚無敢言，植獨抗議不同，卓怒，將誅植，議郎彭伯曰：「盧尚書海內大儒，人之望也，今先被害，海內震怖。」卓乃止。曹操北討柳城，過涿郡，告守令曰：「故北中郎將盧植，名著海內，學為儒宗，士之楷模，國之楨幹也。」……漢末儒者，自鄭君之外，未能或之先也，惜其所著《尚書章句》、《三禮解詁》，今皆不存，而零文斷句，見之猶起敬也。

蘭甫先生以盧氏精研經學，才兼文武，又於危亂中獨顯忠義，大節不虧，以致權臣不敢加害，既殁之後，奸雄猶能敬之，故舉以擬於鄭玄，皆稱為大儒焉。《東塾雜俎》卷五有云：

《原道》云：「堯以是傳之舜，舜以是傳之禹」云云，後儒因此，遂有傳授心法之說。

又云：

《送浮屠文暢師序》亦云：「道莫大乎仁義，教莫正乎禮樂刑政，堯以是傳之舜，舜以是傳之禹，禹以是傳之湯，湯以是傳之文武，文武以是傳之周公孔子，書之於册，中國之人世守之。」澧案此與《原道》之文略同，而云「書之於册世守之」，然則非傳授心法也。

韓愈敍歷代帝王心傳之說，人多求之〈原道〉，不知〈送浮屠文暢師序〉之中，韓愈亦有此說，而尤為加詳焉，且韓愈之後，宋儒遂以人心道心等十六字，以當韓愈〈原道〉所謂之「斯道」，以謂為古聖先王密授之心傳，而不知其實非韓愈之用心也，故蘭甫先生乃為之辨正焉，《東塾雜俎》卷五又云：

《孝經》曰：「先之以博愛，而民莫遺其親。」《孟子》曰：「未有仁而遺其親者也。」故韋昭《國語注》云：「博愛於人為仁。」此《原道》博愛之謂仁之所本也，宋儒譏昌黎而不知其有來歷也。

孔孟言仁，謂愛有等差，韓愈言博愛，宋儒或譏其近於墨翟之言，然而蘭甫先生以爲，昌黎「博愛」之說，自有根源，不與儒者相違，不得據之以譏韓愈〈原道〉也，《東塾雜俎》卷五又云：

《送王塤秀才序》云：「孟軻師子思，子思之學，蓋出曾子，自孔子沒，群弟子莫不有書，獨孟軻氏之傳得其宗。」宋儒恆言此，後儒幾忘其出於昌黎矣。

又云：

韓文公生於唐代，天子尊元元，迎佛骨，而文公訟言攘斥，此大勇也，至宋儒循其緒論，遞相仿傚，讀宋儒書，而忘韓文公之功，是飲水而不思其源者也。

程朱表彰孟子，宋儒拒斥佛老，論其淵源，皆出於昌黎之言，故蘭甫先生以爲，「韓文公尊孟子，攘佛老，宋儒實效之，而又輕視之」[4]，是不免有忘本之譏矣。《東塾雜俎》卷七云：

范文正公自言，但「信聖人之書，師古人之行，上誠於君，下誠於民」（〈上資政晏侍郎書〉），文正之學，蓋盡於此四語。

又云：

《奏上時務書》云：「雞鳴而起，孜孜聽政，每有餘暇，則召大臣，講議文武，訪問艱難。」又云：「日聞美言，則知佞人未去，此國家之可憂也。日聞直諫，則知忠臣左右，此國家之可喜也。伏惟聖明，不可不察，自古王者，外防夷狄，內防姦邪之凶，甚於夷狄之患。」又云：「刑法之吏，言絲髮之輕重，錢穀之司舉，錙銖之利病，則往往謂之急務，響應而行。或有言政教之源流，議風俗之厚薄，陳聖明之事業，論文武之得失，則往往謂之迂說，廢而不行，豈朝廷薄遠大之謀，好淺末之議哉？」澧謂此所論，不獨當時之務，實百世不易者，真不可不察也。

范仲淹功業鼎盛，以天下爲己任，其論政務，又切實而能行，誠希世之大儒也，《東塾雜俎》卷七又云：

《范文正公集》有《易義》二十七條，每卦一條，上經唯有〈乾卦〉，餘皆無，下經無〈姤〉、〈歸妹〉、〈渙〉、〈節〉、〈中孚〉、〈小過〉、〈既濟〉、〈未濟〉八卦，蓋已殘缺，然所存者，精義不少……其說四德，尤切於儒者身心，而又明白易知，勝於空說陰陽者遠矣。

又云：

《宋元學案》於范文正公，唯錄《易義》〈家人〉、〈升〉、〈艮〉、〈漸〉四條、《易義》之外，皆不錄，殊為簡略，且以文正置之胡安定、孫明復之後，蓋推尊胡氏孫氏，而二人皆文正所薦舉，因而及於文正耳，然《名臣言行錄》載《東軒筆錄》云：「文正在睢陽掌學，以《春秋》授孫明復，後十年，孫明復以《春秋》授學者。」豈可置文正於孫明復之下乎？

范仲淹博通《六經》，而尤長於《易》，學者多從質問，文正爲執經講解，並推其俸祿，以食四方遊士，士多出其門下，蘭甫先生評論《宋元學案》，不當以范氏置於孫氏之後，其意亦在特尊文正之爲人也。《東塾雜俎》卷十云：

明人學問文章，遠遜唐宋，唯氣節獨高千古，其倡之者，方正學也。

又云：

宋儒道學，至元末而已衰，得方正學以氣節振之，一代忠臣烈士，接踵而出，論明儒者，當以方正學為第一。

又云：

朱竹垞《黃先生遺文序》云：「講學莫盛于宋，然汴京臨安之陷，諸臣以身殉國者不數見，至於明，死靖難則有若方公孝孺，死閹禍則有高公攀龍，而山陰劉公宗周，漳浦黃公道周，與先生後先，自靖咸以道學兼忠節，即宋儒有未逮焉。」明儒之卓越千古者，竹垞此數語盡之，真千古定論也。

士大夫敦尚氣節，東漢以後，唯明代最盛，而尤以方孝孺堅持正學，力振忠義，千載之下，無愧聖賢，故蘭甫先生，極力爲之表彰也。《東塾雜俎》卷十一云：

顧亭林云：「愚所謂聖人之道者，曰博學於文，曰行己有恥。」（〈與友人論學書〉）又云：「今日所以變化人心，蕩滌汚俗者，莫急於勸學獎廉之事。」（《日知錄》卷十三）澧案勸學即博學於文也，獎廉即行己有恥也。竊嘗論之，《論語》第一句「學而時習之」，即博學於文之初基也，《孟子》第一句「何必曰利」，即行己有恥之要道也，亭林之言，與《論語》《孟子》，若合符節也。

顧亭林爲晚明清初大儒，蘭甫先生極欽敬之，其所持治學方向，「有益於身，有用於世」❺，實即深受亭林先生「博學於文，行己有恥」二語之影響者也，《東塾雜俎》卷十一又云：

> 陳文恭公云：「顧亭林先生未歷仕路，而所論治道，皆親切得理，規模宏遠，鉅細不遺，由其平時讀書，隨處體認，與記誦辭章之學，無裨世用者不同耳。」（〈從政遺規〉）

又云：

> 亭林〈郡縣論〉，欲使知縣世襲，此說誠不可行，然李泰伯《慶曆民言》云：「秦亡積千載，而天下之弱彌甚，刺史郡守，寄客於外，兵非吾兵，食非吾食，以服人者，三尺法耳，一旦當事，則刑罰鞭朴，非亂賊所畏也，授首且不暇，孰為勤王哉，義苟在焉，胙之以國何害。」（〈崇衛篇〉）此即亭林之說也。

亭林先生入清以後，即未嘗出仕，然其爲學，兼通儒之才，求經世致用，是以朝章國典，古今治亂，莫不元元本本，爛熟胸中，是以所論治道，皆能親切得理，措諸施政，亦可起而立行，非迂論也，至於〈郡縣論〉中，而欲使知縣世襲者，則是亭林先生有懲於晚明之亡，勤王義師，無一至者，故乃欲「寓封建之意於郡縣之中」，故乃欲「尊令長之秩」，「設世官之獎」，「而予之以生財治人之權」也，其目的，實在於「用天下之私，以成一人之公」，俾使「一旦有不虞之勢，必不如劉淵、石勒、王仙芝、黃巢之輩，橫行千里，如入無人之境」❻，此則亭林先生之用心也，要之，蘭甫先生於歷代大儒之中，其瓣香膜拜者，恐仍以亭林先生爲第一人也。

《東塾雜俎》之中，尚有蘭甫先生敍述其《讀書記》師承之所自者，蓋蘭甫先生著述雖富，其最要者，仍當以《東塾讀書記》爲首選，而《讀書記》之體裁形式，精神義趣，世皆知蘭甫先生取資於《日知錄》，然而《東塾雜俎》之中，蘭甫先生嘗言，其《讀書記》之師承，實遠紹於宋代黃震之《日抄》焉，《東塾雜俎》卷八云：

> 黃東發讀書，宅心平實，無偏黨，無客氣，稱心而言，不近名，不使才氣，即有淺處誤處，而皆見其真誠，本朝諸儒，唯江慎修近之，其餘皆不及也。

黃震字東發，宋慈溪人，其學蓋出朱子弟子輔廣，所撰《日抄》百卷，尤多躬行自得之言，江永字慎修，清婺源人，其學長於音韻三《禮》，所撰《近思錄集注》，尤多精粹篤實之意，蘭甫先生敬慕黃震，兼及江永，而其治學徑向，則亦髣髴近之矣，《東塾雜俎》卷八又云：

> 東發氏之學，讀經史諸子，諸大家文集，取其犖犖大者，而分析是非，以朱子為宗，而更去其偏處，其議最明，學最正，其讀書最得韓文公提要鈎元之法，是為讀書之定法，澧之所心悅而誠服者，昔嘗有人，欲以澧為師，澧辭之曰，盍以我之師為師，黃氏《日抄》是也，澧今著《學思錄》，豈敢竊比於《日抄》，亦師其意云爾。

《學思錄》即《東塾讀書記》之前身也，陳氏晚年，始易今名，而蘭甫先生於黃氏之讀書方法，稱爲「讀書之定法」，於黃氏其人，即逕稱之爲師，於黃氏所著之書，自附於竊比之列，其於黃氏，可謂敬之至矣，蘭甫先生嘗云：「如黃東發者，眞儒也」❼，又云：「讀書者當以黃氏《日抄》爲法」❽，又云：「黃東發生於宋季，而著書以救宋一代諸儒之弊」，「蓋去宋儒之弊，然後宋學眞可以上繼孔孟，而不貽誤後世，東發大有功於宋之諸儒也」[9]，然則，蘭甫先生稱黃氏爲「眞儒」，蓋亦欲效東發先生之所爲，著書以救有清一代諸儒之弊者也，至於亭林先生之《日知錄》，其體例實亦有取於黃氏之《日抄》者，故論其淵源，蘭甫先生所言，亦自兩不相妨者也。

總之，《東塾雜俎》一書，本爲蘭甫先生未定之稿，其中所收資料，有極爲重要者，亦有較爲膚泛者，其中議論部份，有所見極具精義者，亦有較屬粗疏者，唯此書多數章節，蘭甫先生曾爲列入《東塾讀書記》原始綱目之中，而今本《讀書記》中，且又缺乏此類記載，則此書可以彌補《讀書記》之缺略，自屬必然。至於《東塾雜俎》部分內容，其有與《讀書記》時相重複者，如《雜俎》中之「東漢」、「唐疏」、「南宋」諸卷，亦可與《讀書記》中「鄭學」、「朱子」等卷，相互參稽，比勘差異。要之，《東塾讀書記》以發明經義爲主旨，而《東塾雜俎》之範圍，則擴大而及於經術、史事及理學等項，其於評論學術，表彰儒行，固已大有助益，且進而可以藉之以了解蘭甫先生之學業志趣，以爲知人論世之憑依，則其所述種種，豈不尤可寶貴者乎？

蘭甫先生撰作宏富，著述滿家，汪宗衍氏爲撰先生《年譜》，登錄之書，已屆八十一種，其尤要者，如《東塾讀書記》、《切韻考》、《老子注》、《公孫龍子注》、《漢儒通義》、《朱子語類日鈔》、《默記》、《東塾遺稿》、《東塾集》、《東塾續集》等，其能假以寓目者，楚生則皆循覽熟復，飽沃清芬矣，唯《東塾雜俎》一書，求之多年，未獲經眼，邇來，東海大學中國文學研究所研究生朱稚華君，從巢縣何先生佑森撰著論文，以「陳蘭甫與朱鼎甫漢宋調和說」之比較」爲題，廣事蒐尋，遂乃覓得北平古學院此書刊本，承其代爲複影一份，捧之大喜過望，亟取燈前，快讀數過，偶有所記，粗論大旨，因跋其尾，草成茲篇，既以誌其私心景仰之意，兼以諗諸世之嗜讀蘭甫先生書者焉。

## 附注

❶ 陳澧字蘭甫，生於淸嘉慶十五年，卒於光緒八年，當西元一八一〇年至一八八二年，享年七十三歲。

❷ 見汪宗衍所撰《陳東塾先生年譜》。

❸ 見《嶺南學報》二卷三期所載〈陳蘭甫先生遺稿〉頁一八八。

❹ 見《東塾雜俎》卷五。

❺ 見陳蘭甫〈與王峻之書〉，載《東塾集》卷四。

❻ 並見顧亭林〈郡縣論〉，載《亭林文集》卷一。

❼ 見《東塾雜俎》卷十一。

❽ 見《東塾雜俎》卷五。

❾ 見《東塾雜俎》卷八。

（此文原刊載於國立中興大學《文史學報》第[illegible] 民國七十八年三月出版）

# 五　俞樾《群經平議》中之解經方法

## 甲　引言

俞樾字蔭甫，浙江德清人，生於清道光元年，卒於光緒三十二年（當西元一八二一年至一九〇七年），享年八十六歲。俞氏晚年，常居蘇州，寓廬之旁，有曲園焉，因以爲號，故學者亦稱之爲曲園先生。

俞氏幼年，受學讀書，即穎慧絕倫，過目不忘，年三十，舉進士，年三十五，出爲河南學政，將以有所作爲，其後，以命題監考事，爲御史曹登庸所劾，罷歸田里，由是絕意仕途，專心讀書，終其一生，著書逾五百卷，一百三十餘種，語其尤要，則當推《群經平議》、《諸子平議》、《茶香室經說》、與《古書疑義舉例》數種，最爲世人所重，蓋俞氏爲學，遠紹休寧戴氏一脈，而近窺高郵王氏父子家法，校勘訓詁，徵實不誣，取徑既確，其所發明，亦遂多精審不移之論在也。

《群經平議》一書，所收〈周易平議〉二卷、〈尙書平議〉四卷、〈周書平議〉一卷、〈毛詩平議〉四卷、〈周官平議〉二卷、〈考工記世室重屋明堂考〉一卷、〈儀禮平議〉二卷、〈大戴禮記平議〉二卷、〈小戴禮記平議〉四卷、〈春秋公羊傳平議〉一卷、〈春秋穀梁傳平議〉一卷、〈春秋左傳平議〉三卷、〈春秋外傳國語平議〉二卷、〈論語平議〉二卷、〈孟子平議〉二卷、〈爾雅平議〉二卷，合計共三十五卷，蓋爲俞氏研治經學最爲重要之著述也。

此文之作，即在分析俞氏《群經平議》一書，以見其解經方法之一斑焉。

## 乙 方法

俞氏《群經平議》中之解經方法，綜而言之，約可分爲以下數端，一曰辨識通假，二曰探索古訓，三曰推尋語義，四曰校訂訛誤，五曰勘正衍文，六曰釐定句讀。以下所論，即就前述數端，枚舉其例，加以說明。

### 一、辨識通假

經典用字，往往本字見存，古本乃不用本字，而用聲同聲近之字，所謂同音通假者是也，俞氏於《群經平議》之中，亦時或辨認經籍通假，而改讀之以本字，以暢明經籍之要旨，例如《尚書・西伯戡黎》篇曰：

> 西伯旣戡黎，祖伊恐，奔告于王，曰：「天子，天旣訖我殷命，格人元龜，罔敢知吉，非先王不相我後人，惟王淫戲用自絕。」

俞氏《群經平議》曰：

> 樾謹按，是時殷猶未亡，乃云「旣訖我命」，義不可通，古書旣與其，每通用，〈禹貢〉「濰淄其道」，《史記・夏本紀》作「旣道」，《詩・常武》篇「徐方旣來」，《荀子・議兵》篇引作「徐方其來」，並其證也，天旣訖我殷命，當作「天其訖我殷命」，蓋以格人元龜，罔敢知吉，故推度天意如此也，此篇以「天其訖我殷命」發端，猶〈微子〉篇以「殷其弗或亂正四方」發端也，皆事前推度之辭，若作旣訖，則似乎事後之論矣。❶

〈西伯戡黎〉記祖伊告誡紂王之辭，篇中「天旣訖我殷命」一語，俞氏以爲，是時殷猶未亡，不當言旣訖我命，因謂古書之中，旣與其，每相通用，並舉《尚書・禹貢》、《史記・殷本紀》、《詩・常武篇》、《荀子・議兵篇》中，旣其二字通用之例，以爲佐證，以爲〈西伯戡黎〉篇中，「旣」爲通假之字，「其」爲本字，天旣訖我殷命，當作「天其訖我殷命」，蓋「旣」指已然之事，「其」爲將然之辭，是時紂猶在位，武王尚未伐商，祖伊之言，乃推度天意或將如此也。又如《詩經・唐風・鴇羽篇》曰：

> 肅肅鴇羽，集于苞栩，王事靡盬，不能蓺稷黍，父母何怙？悠悠蒼天，曷其有所。
> 肅肅鴇翼，集于苞棘，王事靡盬，不能蓺黍稷，父母何食？悠悠蒼天，曷其有極。
> 肅肅鴇行，集于苞桑，王事靡盬，不能蓺稻粱，父母何嘗？悠悠蒼天，曷其有常。

《毛傳》曰：

> 怙，恃也。

俞氏《群經平議》曰：

樾謹按，二章云「不能蓺黍稷，父母何食」，三章云「不能蓺稻粱，父母何嘗」，皆承上句為義，此章云「不能蓺稷黍，父母何怙」，義亦當同，怙乃餬之假字，《說文》食部：「餬，寄食也。」《莊子·人間世篇》《釋文》引李云：「餬，食也。」崔云：「字或作𩚵、或作𩜉。」蓋餬從胡聲，亦或省從古聲，故怙與餬，得以通用，猶言父母何食也，《傳》以本字讀之，非是。

〈鴇羽篇〉「父母何怙」，毛傳以「恃」訓「怙」，俞氏非之，俞氏以為，「怙」乃「餬」之假字，「餬」有食義，並引《說文》《莊子》《釋文》為證，蓋以〈鴇羽〉三章，義實相同，讀「怙」為「餬」，則此《詩》首二三章，「父母何餬」、「父母何食」、「父母何嘗」，餬食嘗三字（嘗嚐古今字），皆為「進食」之義，乃變文以見義者也。又如《周禮·天官·冢宰》曰：

惟王建國，辨方正位，體國經野，設官分職，以為民極。

鄭玄《注》曰：

體，猶分也。

賈公彥《疏》曰：

言體猶分者，謂若人之手足，分為四體，得為分也。

俞氏《群經平議》曰：

樾謹按，體之訓分，其義迂迴，殆非也，體，當讀為履，《詩·氓篇》：「爾卜爾筮，

體無咎言。」《釋文》曰：「體，《韓詩》作履。」是其例也，蓋履與體，聲近義通，

《易・坤》初六：「履霜堅冰至。」《釋文》曰：「鄭讀履為禮。」禮體並從豊聲，體之通作履，猶履之通作禮也，履國經野，謂履行其國，經畫其野也，宣十五年《公羊傳》曰：「稅畝者何，履畝而稅也。」與此履字義同。

《天官・冢宰》中「體國經野」，鄭氏謂「體猶分也」，賈氏引申謂「若人之手足，分爲四體」，是解也，俞氏謂「其義迂迴」，乃曰：「體，當讀爲履。」蓋以此文之中，「體」爲通假之字，「履」爲同聲通用之本字也，又舉《詩經・氓篇》與《易經・坤卦》「體」「履」通用之例爲證，以爲《周禮》此文，體國經野，即「履國經野」，乃履行其國，經畫其野，而與《公羊傳》中「履畝」之義相同也。

以上所舉，皆俞氏辨識通假，追溯本字，詮解古經，俾使文義燦然，怡然理順之例也。

## 二、探索古訓

語言隨時代而變易，詞義有古今之不同，經典用語，既多古訓，欲明經書義理，則探索古訓，爲不可少矣，俞氏《群經平議》之中，於此亦特爲措意焉，例如《尚書・堯典篇》曰：

曰若稽古帝堯，曰放勳，欽、明、文、思、安安，允恭克讓，光被四表，格于上下，克明峻德，以親九族，九族既睦，平章百姓，百姓昭明，協和萬邦，黎民於變時雍。

孔氏《傳》曰：

故其名聞，充溢四外。

兪氏《群經平議》曰：

樾謹按，光被四外，甚為不辭，《詩・噫嘻篇》《正義》引《鄭注》曰：「言堯德光耀，及四海之外。」然經文但曰四表，不曰四海之表，增字解經，亦非經旨，今按僖二十八年《左傳》「表裏山河」，表裏皆以衣為喻，是故四表，猶四裔也，《說文》衣部：「表，上衣也，從衣從毛，古者衣裘，以毛為表。」又曰：「裔，衣裾也。」是表與裔，本義皆屬衣，以其在極外，則曰四表，猶衣之有表也，以其在極末而言，則曰四裔，猶衣之有裔也，《文選・西都賦》曰：「表以太華終南之山，帶以洪河涇渭之川。」表帶並言，得古義矣。

《堯典》中「光被四表」一語，《孔傳》以「名聞充溢四外」釋之，兪氏以爲，以「外」釋「表」，解光被四表爲「光被四外」，甚爲不辭，乃探索古訓，以爲「四表猶四裔」，而「表」之與「裔」，據《說文》本義，皆屬於衣物，故經典言「四表」或「四裔」，亦皆屬以「衣」爲喻者也，其言「四表」「四裔」，猶謂衣之有表有裔，或以其在外而言，或以其在末而言，則是兩者之異也。又如《詩經・齊風・還篇》曰：

子之還兮，遭我乎峱之間兮！並驅從兩肩兮，揖我謂我儇兮！
子之茂兮，遭我乎峱之道兮！並驅從兩牡兮，揖我謂我好兮！
子之昌兮，遭我乎峱之陽兮！並驅從兩狼兮，揖我謂我臧兮！

《毛傳》曰：

臧，善也。

俞氏《群經平議》曰：

樾謹按，臧固訓善，而此臧字，則當訓為壯，壯者盛也，《禮記·學記篇》「約而達，微而臧」，臧與微對，則有壯盛之義可知，蓋臧壯聲近而義通也，首章言「子之還兮」，故曰「揖我謂我儇兮」，《傳》曰：「還，便捷之貌，儇，利也。」是還與儇，義相應也。二章言「子之茂兮」，故曰「揖我謂我好兮」，《傳》曰：「茂，美也。」是茂與好，義相應也。此臧字亦當與昌字相應，《傳》訓昌為盛，臧為善，則義不相應矣，鄭知《傳》義未安，而易《傳》曰：「昌，佼好貌。」則又與二章無別，蓋《毛傳》失之於臧，非失之於昌，一章以便利相譽，二章以美好相譽，三章以壯盛相譽，言各有當，未可徒泥古訓矣。

《齊風·還篇》三章「揖我謂我臧兮」，《毛傳》以「善」釋「臧」，本屬常解，而俞氏非之，蓋以此《詩》三章連言並論，以爲首章以「還」「儇」二字呼應，其義皆爲「迅捷」，二章以「茂」「好」二字呼應，其義皆爲「美善」，則三章亦當以「昌」「臧」二字呼應，然「昌」「臧」義若相通，皆訓爲「美善」，則與二章之義相重，故俞氏舉《禮記·學記》爲證，以爲「臧」之與「壯」，聲近義通，故此詩三章之「昌」「臧」二字呼應，古訓皆有「壯盛」之義也。又如《詩經·魏風·伐檀篇》曰：

坎坎伐檀兮，寘之河之干兮，河水清且漣猗，不稼不穡，胡取禾三百廛兮？不狩不獵，胡瞻爾庭有縣貆兮？彼君子兮，不素餐兮！

坎坎伐輻兮，寘之河之側兮，河水清且直猗，不稼不穡，胡取禾三百億兮？不狩不獵，
胡瞻爾庭有縣特兮？彼君子兮，不素食兮！
坎坎伐輪兮，寘之河之漘兮，河水清且淪猗，不稼不穡，胡取禾三百囷兮？不狩不獵，
胡瞻爾庭有縣鶉兮？彼君子兮，不素飧兮！

《毛傳》曰：

一夫之居曰廛。

孔氏《正義》曰：

謂一夫之田百畝也。

俞氏《群經平議》曰：

樾謹按，如《傳》義，則三百廛為三百夫之田，其數太多，且一章言廛，二章言億，三章言囷，義亦不倫，疑《傳》義非也，《廣雅·釋詁》，「稇、繶、纏」，並訓束，然則三百廛者，三百纏也，三百億者，三百繶也，三百囷者，三百稇也，其實皆三百束也，《說文》又部：「秉，禾束也。」然則三百束者，三百秉也，《鄭箋》於二章曰：「三百億，禾秉之數。」不知三百者，億之數，億猶秉也，蓋自《傳》失其義，故《箋》亦不得其解矣。

《魏風·伐檀篇》中，「胡取禾三百廛兮」，《毛傳》謂「一夫之居曰廛」，孔氏《正義》則逕指爲「一夫之田百畝」，俞氏以爲，信如《毛傳》《正義》之說，則三百廛爲「三百夫之田」，一夫之田百畝，則三百廛之禾，將至於三萬畝之數矣，爲數太多，詩雖取喩，不應

言之過分如此，故追索古訓，取《廣雅》「稛、繶、纏」並訓「束」之義，以爲〈伐檀〉中之「囷、億、廛」，即《廣雅》中之「稛、繶、纏」也，其古義則並訓爲「束」，是以此《詩》之言「三百廛」、「三百億」、「三百囷」者，實則皆「三百束」之禾也，〈伐檀篇〉中，不過變文以見其義而已。

以上所舉，皆俞氏探索古訓，詮釋經籍之例也。

## 三、推尋語義

漢字之中，一字數義者，比比皆是，經典用字，不免義有偏重，研索經籍，推尋語義，細加勘求，方能得其眞象，明其要旨，俞氏《群經平議》之中，亦往往應用此法，詮釋經籍，例如《詩經・秦風・黃鳥篇》曰：

交交黃鳥，止于棘，誰從穆公，子車奄息，維此奄息，百夫之特，臨其穴，惴惴其慄，彼蒼者天，殲我良人，如可贖兮，人百其身。

《鄭箋》曰：

人皆百其身，謂一身百死，猶為之。

孔氏《正義》曰：

我國人皆百死其身以贖之。

俞氏《群經平議》曰：

樾謹按，經言百其身，不言百其死，《箋》義非也，此其字仍以三良言，首章謂奄息也，穆公以奄息從死，奄息止一身耳，若可贖之，則人願百倍其身以贖之，謂以百人從死，亦所甘也，上云「維此奄息，百夫之特」，是奄息之德，足以匹百夫，故願以百身代之，兩百字，正相應，解為一身百死，失其旨矣。

《秦風・黃鳥篇》，詠秦穆公以三良殉葬從死事，《詩》中「人百其身」一語，《鄭箋》以「一身百死」爲釋，《正義》以「百死其身」爲解，俞氏非之，以爲此經言「百其身」，不言「百其死」，是以奄息雖止一身，而衆人良深惜之，如可贖代，「願百倍其身以贖之」，「願以百身代之」，謂願以百人之身死而代之，非謂人之一身可以代之而死百次也。又如《禮記・學記篇》曰：

> 學者有四失，教者必知之，人之學也，或失則多，或失則寡，或失則易，或失則止，此四者，心之莫同也，知其心，然後能救其失也，教也者，長善而救其失者也。

鄭氏《注》曰：

> 失於易，謂好問不識者。

孔氏《正義》曰：

> 至道深遠，非凡淺所識，而人不之思求，唯好汎濫外問，是失在輕易於妙道。

俞氏《群經平議》曰：

> 樾謹按，「或失則多」，「或失則寡」，相對成義，「或失則易」，「或失則止」，亦必相對成義，讀為輕易之易，則與止字不對矣，易，當讀為變易之易，「或失則易」者，謂見易而遷，此事未竟，又為彼事也，「或夫則止」者，謂畫地自限，但知

其一，不知其二也，此兩者之失，事正相反，《鄭注》未得其解，故《正義》遂失其讀矣。

〈學記篇〉中「或失則易」一語，鄭玄《注》與孔氏《正義》，並以「輕易」之義釋之，俞氏則以爲，此當釋爲「變易」之義，蓋〈學記〉此文四句，可分兩組，「或失則多」與「或失則寡」，多與寡相對成義，「或失則易」與「或失則止」，易與止亦相對成義，「止」謂「畫地自限」，「易」謂「見異而遷」，前組「多」「寡」之失，適正相反，後組「易」「止」之失，亦正相反，「易」字如釋爲「輕易」之義，則與「止」字之義，不相反對矣，故俞氏推尋語義，而釋「易」字之義如此也。又如《論語・里仁篇》曰：

　　子游曰：「事君數，斯辱矣，朋友數，斯疏矣。」

何晏《集解》曰：

　　數，謂速數之數。

俞氏《群經平議》曰：

　　樾謹按，此數字，即《儒行》所謂「其過失可微辨，而不可面數」之數，數者，面數其過也，《漢書・高帝紀》：「漢王數羽。」師古《注》曰：「數責其罪也。」是此數字之義也，《禮記・曲禮》曰：「為人臣之禮，不顯諫。」故諫有五，而孔子從其諷，其於朋友，則曰忠告而善道之，事君而數，則失不顯諫之義，朋友而數，則非所謂善道之矣，取辱取疏，職此之故，唐宋以來，以犯顏極諫為人臣之盛節，至有明諸臣，遂有聚哭於君之門者，蓋自古義湮，而君臣朋友之間，所傷多矣。

〈里仁篇〉中「事君數」、「朋友數」，二「數」字，何晏並以「速數之數」釋之，俞氏則以爲，此「數」字，即「面數其過也」，其義爲計數之數，與〈儒行篇〉中「其過失可微辨而不可面數」之「數」同義，蓋事君而面數其過，則失人臣之禮，朋友相交而面數其過，則失朋友之義，故俞氏於《論語》此章之中，推尋語義，但取「數」字「計數」之義，而不取「數」字「速數」之解也。

以上所舉，皆俞氏推尋語義，以解經文之例也。

## 四、校訂訛誤

經典古籍，年代久遠，簡策錯亂，傳鈔訛誤，時或有之，俞氏於此，亦往往爲之校正文句，還其本眞，例如《尚書・酒誥篇》曰：

惟天降命肇我民，惟元祀，天降威，我民用大亂喪德，亦罔非酒惟行，越小大邦用喪，亦罔非酒惟辜。

《孔傳》曰：

使民亂德，亦無非以酒為行者。

俞氏《群經平議》曰：

樾謹按，以酒為行，文義不明，行，當作衍，字之誤也，《淮南子・泰族篇》「不下廟堂而行四海」，今本誤作「衍」，是其例矣，衍，讀為愆，昭公二十一年《左傳》「豊愆」，《釋文》曰：「愆，本或作衍。」是愆與衍，古字通用，「亦罔非酒惟愆」，正與下文「亦罔非酒惟辜」，語意一律。

〈酒誥篇〉中「亦罔非酒惟行」一語，其中「行」字，俞氏以爲，當作「衎」字，乃字形相近而訛誤者也，衎字與愆字，古又相通，蓋〈酒誥〉此句，與下句「亦罔非酒惟辜」，語意一律，愆與辜義同，皆指人民之大亂喪德，大邦小邦之因而滅亡，無非因酒之罪過辜愆而成者也。又如《論語・衞靈公篇》曰：

子曰：「衆惡之，必察焉，衆好之，必察焉。」

何晏《集解》引王肅《注》曰：

或衆阿黨比周，或其人特立不群，故好惡不可不察也。

俞氏《群經平議》曰：

樾謹按，阿黨比周，解衆好必察之意，特立不群，解衆惡必察之意，是王肅所據本，「衆好」句在「衆惡」句前，《潛夫論・潛歎篇》引孔子曰：「衆好之，必察焉，衆惡之，必察焉。」蓋漢時舊本如此，今傳寫誤倒耳，《風俗通義・正失篇》引孔子曰：「衆善焉，必察之，衆惡焉，必察之。」雖文字小異，而亦善在惡前，可據以訂正。

〈衞靈公篇〉「衆惡之，必察焉，衆好之，必察焉」，俞氏據王肅之解，以爲「衆好之」二句當居前，「衆惡之」二句宜居後，並舉《潛夫論》與《風俗通義》二書所引孔子之言，以爲比證，以爲皆屬「善在惡前」，故據以訂正文句之訛誤也。又如《論語・季氏篇》曰：

季氏將伐顓臾，冉有季路見於孔子曰：「季氏將有事於顓臾。」孔子曰：「求，無乃

> 爾是過與？……丘也聞有國有家者，不患寡而患不均，不患貧而患不安；蓋均無貧，和無寡，安無傾。」

俞氏《群經平議》曰：

> 樾謹按，寡貧二字，傳寫互易，此本作「不患貧而患不均，不患寡而患不安」，貧以財言，不均亦以財言，財宜乎均，不均則不如無財矣，故不患貧而患不均也；寡以人言，不安亦以人言，人宜乎安，不安則不如無人矣，故不患寡而患不安也；下文云「均無貧」，此承上句言，又云「和無寡，安無傾」，此承下句言，觀「均無貧」之一語，可知此文之誤易矣，《春秋繁露．度制篇》引孔子曰：「不患貧而患不均」，可據以訂正。

《季氏篇》「不患寡而患不均，不患貧而患不安」，俞氏以爲，文有訛誤，以爲「寡」「貧」二字，乃「傳寫互易」，此兩句也，當作「不患貧而患不均，不患寡而患不安」，蓋「貧」與「不均」，皆以「財」言，而「不均」之患，尤重於「貧」窮之患也；「寡」與「不安」，皆以「人」言，而「不安」之患，亦尤過於「寡」少之患也。俞氏又舉《論語》此章，下文中「均無貧」，承「不患貧而患不均」而言，兩句中「均」「貧」二字，相互呼應，下文中「和無寡，安無傾」，承「不患寡而患不安」而言，兩句中「寡」「安」二字，相互呼應，以證《論語》此章，確有訛誤之文也。至於《春秋繁露》中所引孔子之言，則其異文比對之餘，益可資爲佐證者也。

以上所舉，皆俞氏校訂經文訛誤，以作詮解之例也。

## 五、勘正衍文

經典傳鈔，輒有衍文，誤出其間，明辨衍羨，加以勘正，則文理燦然，不復有詰屈之病矣，俞氏《群經平議》之中，於此亦多所措意，例如《尚書·康誥篇》曰：

天畏棐忱，民情大可見，小人難保，往盡乃心，無康好逸豫，乃其乂民。

《孔傳》曰：

無自安好逸豫，寬身其乃治民。

俞氏《群經平議》曰：

樾謹按，經文豫字，衍文也，《傳》以自安釋康字，以逸豫釋逸字，非經文有豫字也，偽〈五子之歌〉曰：「太康尸位，以逸豫，滅厥德。」故《枚傳》遇逸字，每以逸豫釋之，〈酒誥〉「不敢自暇自逸」，《傳》曰：「不敢自寬暇自逸豫。」〈無逸篇〉「君子所其無逸」，《傳》曰：「歎美君子之道，所在念德，其無逸豫。」又云「先知稼穡之艱難，乃逸」，《傳》曰：「稼穡，農夫之艱難，事先知之，乃謀逸豫。」又云「乃逸乃諺」，《傳》曰：「乃為逸豫遊戲，乃叛諺不恭。」又云「生則逸」，《傳》曰：「生則逸豫無度。」《多方篇》「有夏誕厥逸」，《傳》曰：「有夏桀不畏天戒，而大其逸豫。」又云「爾乃惟逸惟頗」，《傳》曰：「若爾乃為逸豫頗僻。」凡此之類，皆以逸豫釋《經》文逸字，《經》文止言逸，不言逸豫也，此《經》豫字，即涉《傳》文而誤衍耳，《漢書·武五子傳》「毋桐好逸」，蓋康聲轉而為空，與同聲相近，故《古文尚書》作「康」，《今文尚書》作「桐」也，然則逸下無「豫」字，有明證矣，當據以訂正。

〈康誥篇〉記武王告誡康叔之辭，其中「無康好逸豫」一語，俞氏以爲，「豫」乃衍文，蓋據《尚書》〈酒誥〉、〈無逸〉、〈多方〉等篇，以證《尚書》經文，止單言「逸」，而不複言「逸豫」，而《孔傳》每遇經文「逸」字，率以「逸豫」釋之，故〈康誥〉此語，經文止言「逸」字，而「豫」字則係涉《傳》文而誤出之衍文也。又如《禮記．檀弓下篇》曰：

> 喪禮，哀戚之至也，節哀，順變也，君子念始生之者也；復，盡愛之道也，有禱祠之心焉；望反諸幽，求諸鬼神之道也；北面，求諸幽之義也。

俞氏《群經平議》曰：

> 樾謹按，反字，衍文也。據《正義》曰：「望諸幽者，求諸鬼神之道也，言鬼神處在幽闇，故望幽以求之。」然則《記》文無「反」字明矣，蓋涉上《注》文「庶幾其精氣之反」，因而誤衍，當刪。

〈檀弓下篇〉所記「望反諸幽，求諸鬼神之道」一語，承上文「喪禮」中「節哀」、「順變」、「盡愛」諸事而言，俞氏以爲，「反」字乃衍文，並據《禮記正義》所釋之辭，以證經文之中，不當有「反」字，而「反」字乃涉上段《注》文中「反」字而誤衍者，蓋《經》文「望諸幽」與「求諸鬼神」，義正呼應，若有「反」字，則義不相侔矣。又如《左傳》哀公十六年記曰：

> 楚太子建之遇讒也，自城父奔宋，又辟華氏之亂於鄭，鄭人甚善之，又適晉，與晉人

謀襲鄭，乃求復焉，鄭人復之如初，晉人使諜於子木，請行而期焉，子木暴虐於其私邑，邑人訴之，鄭人省之，得晉諜焉，遂殺子木。

俞氏《群經平議》曰：

樾謹按，而字，衍文也，左氏原文本作「請行期焉」，昭七年《傳》曰：「君若不來，使臣請問行期。」與此《傳》文義相似，今衍「而」字，則文不成義矣，杜解曰：「請行襲鄭之期。」是其所據本，未衍「而」字。

《左傳》記楚太子建（子木）遇讒，出奔鄭，鄭人善待之，而建又適晉，與晉人謀襲鄭事，《傳》文「請行而期焉」一語，俞氏以爲，「而」乃衍文，以爲此文與昭公七年《左傳》所記「請問行期」，文義正同，又舉杜預《注》文爲證，以明杜氏所據《傳》文，本無「而」字也。

以上所舉，皆俞氏辨識衍文，加以勘正，以解經籍之例也。

## 六、釐定句讀

經典本無句讀，後人遂以己意，分別斷句，點逗不同，義亦各異，是以釐定句讀，亦爲探究經籍之重要途徑矣，俞氏於此，亦時爲措意焉，例如《尚書・皐陶謨篇》曰：

撫于五辰，庶績其凝，無教逸欲有邦，兢兢業業，一日二日萬幾，無曠庶官，天工人其代之。

《孔傳》曰：

不為逸豫貪欲之敎，是有國者之常。

俞氏《群經平議》曰：

樾謹按，逸豫貪欲，非美名也，必無以此為敎者，且《經》文止「有邦」二字，乃增益之曰「是有國者之常」，非《經》旨矣，今按敎之言效也，《說文》敎部：「敎，上所施，下所效也。」《太平御覽》引《春秋元命包》曰：「敎之為言效也，言上為而下效也。」《釋名・釋言語》曰：「敎，效也，下所法效也。」蓋敎從𡥈聲、《說文》子部曰：「𡥈，效也。」𡥈從爻聲，《周易・繫辭傳》曰：「爻也者，效此者也。」是爻𡥈敎三字，並聲近而義通，「無敎逸欲」，猶「無效逸欲」，與「無若丹朱傲」同義，「有邦」二字，屬下讀，「有邦兢兢業業」，言有國者，不可不慎也。

〈皐陶謨〉篇記皐陶與帝舜及大禹謀議之辭，其中「無教逸欲有邦」一語，俞氏以為，不當作一句讀之，而《孔傳》所釋，則句讀有誤，其義亦欠安妥，蓋此文當於「欲」字絕句，因「教」字與「效」字相通，故「無教逸欲」，謂「無效逸欲」也，「有邦」二字，當連下文讀之，「有邦兢兢業業」，謂有國者當謹慎小心，一日二日之內，亦有萬幾待理，必無曠廢官職，以替行天工也。又如《尚書・呂刑篇》曰：

今往何監，非德于民之中，尚明聽之哉！

《孔傳》曰：

自今已往，當何監視，非當立德於民，為之中正乎？庶幾明聽我言，而行之哉！

俞氏《群經平議》曰：

> 樾謹按，此當於德字絕句，言自今以往，當何所監視，豈非德乎，「何監非德」，與上文「何擇非人」、「何敬非刑」、「何度非服」，文法一律，枚讀「監」字為句，非也，中者，獄訟之成也，《周官・鄉士》「職士師受中」，《鄭注》曰：「受中，謂受獄訟之成也。」是古謂獄訟之成為中，故曰「于民之中，尚明聽之哉！」《枚傳》連上「非德」為句，因失其義。

《呂刑篇》記周穆王告呂侯之辭，其中「今往何監」一段，俞氏以爲，《孔傳》所釋，句讀有誤，此《經》當於「德」字點斷，讀「今往何監非德」爲句，謂自今以往，何所取法？豈非當以美德爲依歸乎！其文法句型，與本篇上文「何擇非人」、「何敬非刑」、「何度非服」，適正相同，而《孔傳》之解，不可從也。又如《左傳》定公四年記曰：

> 楚人為食，吳人及之，奔食，而從之，敗諸雍澨，五戰及郢。

杜預《集解》曰：

> 奔食，食者走。

俞氏《群經平議》曰：

> 樾謹按，食者走而謂之奔食，不辭甚矣，此當以「奔」字為句，言楚人奔也，「食而從之」為句，言吳人食楚人之食，食畢而遂從之也，於文當云「楚人奔，吳人食而從之」，蒙上文而省「楚人」「吳人」四字耳。

《春秋》魯定公四年，蔡侯以吳子及楚人戰於柏舉，楚師敗績，《左傳》記「楚人爲食，吳人及之」一事，俞氏以爲，杜氏《注》以「奔食」爲句，義不可通，以爲當於「奔」字絕句，此謂「奔」者楚人，「食而從之」者吳人也，蓋楚人爲食，吳人追而及之，楚人既奔，吳人因食楚人之食，食畢而後乃從而追之也，此即古籍中「蒙上文而省」之例也，故俞氏移異句讀以釋之。

以上所舉，皆俞氏比對文義，釐定句讀，以解經籍之例也。

## 丙　結　語

清代樸學之盛，必歸於吳皖兩派，吳派以蘇州惠氏祖孫爲代表，皖派以休寧戴氏東原爲宗師，戴氏之後，金壇段氏玉裁，高郵王氏念孫，各稱巨擘，德清俞氏曲園，生平篤好高郵王氏父子之書，敬重高郵王氏父子之學，所撰《群經平議》一書，實亦步武高郵王氏父子治學之方法者也，俞氏於所撰《群經平議・敍》中有曰：「嘗試以爲，治經之道，大要有三，正句讀，審字義，通古文假借，得此三者以治經，則思過半矣。」又曰：「三者之中，通假借爲尤要，諸老先生，唯高郵王氏父子，發明故訓，是正文字，至爲精當，所著《經義述聞》，用漢儒讀爲讀曰之例居半焉。」又曰：「余之此書，竊附王氏《經義述聞》之後，雖學術淺薄，儻亦一二言之幸中者乎。」章炳麟於所撰〈俞先生傳〉中亦曰：「（俞氏）年三十八，始讀高郵王氏書，自是說經依王氏律令，五歲，成《群經平議》，以劉《述聞》，又規《雜志》作《諸子平議》，最後作《古書疑義舉例》。」❷今按俞氏所謂治經之道大要有三者，其所謂「正句讀」，即本文前述之「釐正句讀」者也；其所謂「審字義」，即本文前述之「探索古訓」者也；其所謂「通古文假借」，即本文前述之「辨識通假」者也；然而，三者之外，俞氏《群經平議》書中，所常用者，猶有「推尋語義」、「校訂訛誤」、與「勘定衍文」三者存焉。

昔者，余嘗有〈高郵王氏父子校釋古籍之方法與成就〉一文❸，以論高郵王氏父子之學，今者此文之作，僅就《群經平議》一書，略事分析，以見俞氏解釋經籍方法之一斑焉，唯是枚舉之例過少，掛漏之處必多，尚祈博雅君子，有以教之，則幸甚矣。

## 附注

❶ 此據河洛出版社影印《春在堂全書》本，下引並同。

❷ 見餘杭章氏《文錄》。

❸ 文載國立中興大學《文史學報》第十六期，亦收入拙著《清代學術史研究》一書中。

（此文原刊載於國立中興大學《文史學報》第二十三期，民國八十二年三月出版）

# 六　皮錫瑞《南學會講義》探析

## 甲　前言

清代中葉以後，國勢日衰，外侮寖至，道光二十年（西元一八四〇年），鴉片戰爭事起，二十二年（西元一八四二年），中英南京條約訂立，咸豐八年（西元一八五八年），英法聯軍陷大沽，天津條約訂立，十年（西元一八六〇年），英法聯軍入北京，清帝避難熱河，天津續約訂立，光緒二十年（西元一八九四年），中日甲午戰爭伊始，翌年，馬關條約訂立，清廷之喪權辱國，至是極矣，學士大夫，目擊道存，憂憤隨之，於是自強圖存之議，蠭起並興，瀰漫各地，而湖南一省之新政運動，其影響尤至爲深遠焉。

光緒二十年（西元一八九四年）八月，江標受命，由翰林院編修，轉任湖南督學，二十一年（西元一八九五年）九月，陳寶箴由直隸布政使，出任湖南巡撫，二十三年（西元一八九七年）五月，黃遵憲接任湖南按察使，三人銳意新學，先後創立湘學報，設立時務學堂，宣揚新知，由是一時風氣，逐漸丕變。

光緒二十三年（西元一八九七年）十一月，德國強佔膠州灣，十二月，康有爲赴京上書，亟請變法圖強，梁啓超亦於稍早時分，遄赴長沙，主講時務學堂，任總教習，以《公羊》、《孟子》授課，推闡大義，以論時事，盛倡改革，尤受世人矚目。

光緒二十三年（西元一八九七年），秋冬之際，湖南官紳議設南學會於長沙，主其事者，爲湖南巡撫陳寶箴及其子三立，前任學使江標，後任學使徐仁鑄，按察使黃遵憲，以及士紳譚嗣同、熊希齡、畢永年、戴德誠、鄒代鈞、樊錐、易鼐等人，其目的，則在講授新學，開通民智，培植人才，以求推行新政，變法而救亡。

光緒二十四年（西元一八九八年）二月一日，南學會正式成立，湖南巡撫陳寶箴聘士紳十人爲總會長，綜覽會務，又聘皮錫瑞爲學長，主持講論之事。學會成立之初，講演計爲四門，每逢週日開講，分由皮錫瑞主講學術，黃遵憲主講政教，譚嗣同主講天文，鄒代鈞主講輿地。聽講者亦可質疑辯難，相互討論，故聽講者極多，每次開講，聚衆輒數百人。❶

## 乙　探　析

皮錫瑞字鹿門，湖南善化人，生於道光三十年（西元一八五〇年），卒於光緒三十四年（西元一九〇八年），享年五十九歲。

皮氏幼承庭訓，好學精思，長而湛深經術，名重一時，光緒二十三年（西元一八九七年）皮氏年四十八歲，八月，自江西經訓書院，返湘省親，爲熊希齡、譚嗣同等力挽，主持南學會，迄於光緒二十四年四月，皮氏居住長沙，共計八月有餘，主講學術一門，前後宣講，共十二次，第一次講〈論立學會講學宗旨〉，第二次講〈續論講學〉，第三次講〈論朱陸異同歸於分別義利〉，第四次講〈論學者不可詬病道學〉，第五次講〈論交涉公理〉，第六次講〈論保種保教均先必開民智〉，第七次講〈論聖門四科之學〉，第八次講〈論孔子創教有改制之事〉，第九次講〈論不變者道必變者法〉，第十次講〈論勝朝昭代之興亡原因〉，第十一次講〈論變法爲天地之氣運使然〉，第十二次講〈論洋人來華傳教當暗求抵拒之法〉。所講內容，俱有講義，刊布於《湘學報》中。❷

皮氏經術湛深，學務專門，其於現實政治，極少論及，然而，《南學會講義》一十二篇，不僅可以彰顯皮氏學術思想之觀點，亦且可以代表皮氏對於時局政務之看法，反映時代思潮之趨勢，關繫於晚清政局之變化者，亦甚鉅大，其在皮氏著作之中，要亦極爲珍貴之論述也。

皮氏《南學會講義》一十二篇，試加分析，其內容重點，可得下列幾項：

## 一、以「孔門四科」調和漢宋之學術

清代漢學極盛，而宋學亦未嘗盡衰，是以有清一代，漢宋門戶之爭，仍時或有之，皮氏錫瑞，雖宗本漢學，然亦兼治宋學，以爲漢宋學術，可以會通調和，學者研治，不當有門戶之見，《南學會講義‧第二講》有云：

> 今之學者，有漢學，有宋學，講漢學者，有西漢今文之學，有東漢古文之學，講宋學者，有程朱之學，有陸王之學，近日又以專講中學者為舊學，兼講西學者為新學，學者黨同伐異，總以學自己是，人家不是，平心而論，漢學未嘗不講義理，宋學未嘗不

講訓詁，同是師法孔子，何必入室操戈❸？

皮氏以爲，漢學宋學，並屬師法孔子，本源相同，流派稍異，其義理訓詁，雖有偏主，未嘗盡廢，故以爲學者究學，不應黨同伐異，互相爭持，《南學會義·第二講》又云：

> 無論何項學術，皆當自求心得，不當是己非人，意有不同，不妨周諮博訪，互相印證，以折衷於一是，卽學派宗旨，不可強合，儘可各尊所聞，各行所知，不妨有異同，不必爭門戶。無論何項學術，不要務虛名，要切實用。講漢學者，要通微言大義，方有實用，破碎支離，不成片段者無用。講宋學者，要能身體力行，方有實用，空談性命，不求實踐者無用。

皮氏以爲，爲學者當自求心得，而不必是己非人，不妨各有異同，而不必爭持門戶，且學術之事，不重虛名，宜求實用，漢學宋學，必當以貫通微言大義，身體實踐力行，爲切實有用，而以破碎支離，空談性命，爲無實用。要之，皮氏所論，實亦深中當時漢學宋學者之弊病，而有所針砭者也。皮氏不僅以爲漢學宋學，皆屬師法孔子，進而且以孔門「四科」之旨，會通漢宋學術，調和漢宋門戶，蓋皮氏以爲，孔門「四科」之旨，「德行一科，爲聖賢學問根本，故列於首，然孔門德行，必非空談性命，高語天人」，「言語一科，非尋常言語」，「蓋即束帶立朝與賓客言之言」，「政事一科，尤經世有用之學，雖有德行，不通政事，不免有體無用」，「文學一科，後世最盛，然孔教所包甚廣，實非文學一科之所能盡」❹，故皮氏即以孔門四科之旨，衡論漢宋學術之異同得失，《南學會講義·第七講》有云：

> 宋儒明心見性，反身克己，近於「德行」一科，故為後世所尊，然其流弊，以「言語」

為浮華，以「政事」為粗才，語錄盛行，科諢俚俗，並文字亦棄不講，四科中，止講得「德行」，未得孔教之全。

又云：

國初通儒，如亭林梨洲船山，懲明末心學之空疏，而欲救之以實，其學並非專主訓詁考據，凡「德行」、「言語」、「政事」、「文學」，無不講求，規模甚廓，體用兼備，可為師法。

又云：

乾嘉以後，學者乃專主國初諸儒訓詁考據，引而伸之，於是標舉漢學之名，以別異於宋學，其訓詁考據，較國初諸儒為精，而規模不及國初諸儒之大，四科之中，止講得「文學」，亦未得孔教之全。

皮氏以爲，宋儒之明心見性，止講得「德行」一科，漢儒之訓詁考據，止講得「文學」一科，宋學漢學，皆未得孔門四科之全，皮氏又推崇清初亭林梨洲船山諸儒，能於孔門四科之旨，無不講求，故規模甚廓，所見甚大，故可以爲師法表率，《南學會講義·第七講》又云：

孔子實兼四科之長，列四科之一者，實具聖人一體，漢學近「文學」，宋學近「德行」，其精者亦可備一科之選，特不兼通「言語」「政事」，猶未見其切實有用，可以經世耳。

又云：

自其異者而言之，不惟漢宋之學不同，宋之朱陸不同，且程與朱不同，大程子與二程子不同，朱子晚年與早年又不同。若自其同者而言之，漢學師孔子，宋學亦師孔子，考其源流分合，兩家本屬一家，況今孔教衰微，不絕如線，尤宜破除門戶，開通畛域，何必門穴中之鼠，操室中之戈乎。

皮氏以爲，漢學宋學，既皆屬孔門中之一科，則「自其同者而言之」，自可以調和會通，相互印證，相互輔助，而不必交相爭持，互不相容也。要之，漢學宋學之爭，自有持調和之論者，亦似以皮氏之言，平通暢達，最爲簡明也。

## 二、以「義利之辨」判分道學之眞僞

皮氏錫瑞，專擅經學，然亦兼治理學（皮氏稱爲道學），其於性理道學之功用，尤爲重視，《南學會講義·第四講》有云：

> 義理之學，足以培植人材，斷不至敗壞人材，才俊之士，尤當先以義理之學教之，使就範圍，乃不流入研弛。

又云：

> 孔孟程朱之道，不行於當時，而行於後世，後世讀其書，足以維世立教，所以尊信孔孟程朱，至今不廢，實以其學有益於世道人心。

皮氏以爲，孔孟程朱義理之學，可以維世立教，可以培植人才，其於世道人心，尤爲有益，故亦特加重視，此在清代漢學專門名家之中，實屬難能而可貴者，然而宋明以下，性理之學，亦有不同，皮氏於此，亦特加說明，《南學會講義·第三講》有云：

> 程朱陸王，同講道學，所講者皆天人性命之理，身體力行之事，宜其學無不同矣，而

同中又有異者，此由入手塗徑各別，所以教人宗旨不同，程朱以為學當先知後行，陸王以為學當知行並進。

又云：

朱子教人，欲令先泛觀博覽，而後歸之於約，陸子欲先發明人之本心，而後使之博覽，朱以陸之教人為太簡，陸以朱之教人為支離，朱子每教人看注流，以陸子不重讀書為近禪學，陸子以六經為我注腳，謂堯舜以前，何書可讀。

又云：

朱子所說，近於漸悟，陸子所說，近於頓悟，朱子教人之法最穩，陸子教人之法更捷，從朱子之說，中材皆可勉為，從陸子之說，必天分絕高方可，元明以來，多從朱學，唯王陽明先生講學，從陸而不從朱。

又云：

欲講道學，當先細讀諸家語錄，審其如何入手之處，如何用力之處，各因性之所近，或從程朱，或從陸王，只要實踐躬行，皆可入德，不必拘拘於異同之辨。

朱陸之異同是非，學者爭議，由來已久，皮氏所論，要言不煩，通達中理，無所偏倚，而朱陸之異同得失，清晰可見，如非於宋明理學，寖濡深沉者，曷能至此。然而，理學發展，迄於晚明，狂禪興起，衆紫奪朱，酒色財氣，紊亂正道，而道學眞僞，淆然莫辨，世俗之人，亦以此歸咎於道學之爲禍國族，遂致道學之眞實面目，亦無從辨識，皮氏有鑑於此，乃以「義利之辨」，判分道學之眞僞，而教人循是抉擇，不致迷惘，《南學會講義‧第三講》有云：

又云：

道學有真有假，於何別之，義與利而已矣，天理是義，人欲是利，公道是義，私心是利，無所為而為之是義，有所為而為之是利。

又云：

凡義之中有利，利之中有義，能與人公利，即近於義，能使人人講明大義，天下之利，孰大於是。

又云：

讀書明理之士，不怕義利不明白，只怕臨時不能自克，利臨智昏，正要於天人交戰之時，一念是義，一念是利，能一刀割斷，方是大勇。

皮氏以爲，性理之學，雖有程朱陸王之不同，但能力行，皆可入道，所可畏者，在道學之眞僞，不能分辨，故道學之眞僞，必當判分區別，不容有絲毫之假借，而道學眞僞之區分判別，則當以「義」「利」辨之，皮氏於是以「公」「私」分別「義」「利」，分別「大義」「大利」，用以鼓舞世人，自省自克，勇於承擔，方能躬行實踐，而不爲虛語也，故皮氏勖勉世人，「道學眞假，但觀其見利如何，人能不爲利動，便是眞道學」❺，其所宣示，尤親切而明白，要之，皮氏於《講義》之中，既欲世人深知道學之重要，復欲世人了解道學眞僞之判別，俾能使讀書理君子，皆能知所從違，而不致茫然迷途，去取失度也。

## 三、以「變法改制」奠立自强之基礎

清廷自鴉片戰爭以後，外侮亟至，國勢日衰，學士大夫，深知不變法不足以救亡，不改制不足以圖存，故往往假藉故籍，別賦新義，以言變法改制之事，南海康有為，於此推行尤力，[6]皮氏錫瑞於此，亦不例外，《南學會講義·第十一講》有云：

> 刪訂五經，始於孔子，其通天人持元會之旨，尤在《易》與《春秋》二經，《春秋》變周之文，從殷之質，故有素王改制之義，待後世有王者作，舉而行之，此聖人之微言，至於《易》，則其義更微，而考其辭，未嘗不顯，《易》本以變易為義，爻辭九六為變，七八不變，占其變者，不占其不變者，〈繫辭〉曰：「動則觀其變而玩占。」又曰：「爻者言乎變者也。」皆言變易之義。

《南學會講義·第八講》有云：

> 孔子作《春秋》在晚年，因道不行，著書立法，以俟後世，有王者作，舉而行之，《春秋》之義大明，後世實有從其說以改制者，如古時封建，至孔子時，封建法敝當改，《春秋》大一統，是改制，後世遂改封建為郡縣，古時世卿，至孔子時，世卿法敝當改，《春秋》譏世卿是改制，後世遂改世卿為選舉，他如此類尚多，後世儒者，亦多襲用素王改制之意，自戰國諸子，以至國朝亭林梨洲船山諸公，其所著書，莫不欲以所立之法，見之施行，亭林《日知錄》，明有〈立言不為一時〉一條，梨洲之《明夷待訪錄》，船山之《黃書》，更明明創法，以待後世，世未有詆其僭妄者，況孔子大聖人，而疑其僭妄乎。

《南學會講義·第九講》有云：

> 孔子作《春秋》，有素王改制之義，實以周末文勝，宜改舊法，去其太甚，使孔子得

志於時，大行其道，必當有所變革，而不盡從周制可知，素王改制，為後世法，然則後世一王受命，或英主中興，亦必有所變革，而不盡用舊制可知。

皮氏以爲，「孔子創教，實有素王改制之事」❼，「凡法既知有弊，不可不革，譬如房屋頹敗，必須改造，若不改造，將有覆壓之憂，衣服破爛，必須改作，若不改作，將同寒乞之陋」，「欲易貧弱爲富強，非翻然一變，必不能致」❽，至於改制變法，則以變更君臣尊卑體制，最爲根本，《南學會講義·第九講》有云：

> 古者天子於諸侯不純臣，諸侯於卿大夫亦不純臣，朝禮辨色始入，君日出而視之，退適路寢聽政，蓋其臣先至路門外，以次立，君出相見，即謂之朝，如今屬員站班參見大憲，打一照面相似，未嘗每見必拜跪也，〈燕禮〉：「君臣答拜，互相酬酢，臣疾，君問之，臣死，君弔之。」亦與今之大憲屬員相似，未嘗尊卑甚闊絕也。秦法始尊君卑臣，宋太祖始廢坐論之禮，天子抗然於上，成亢龍有悔之象。西人見君不拜跪，茶會並坐，有若朋友，頗與古禮相合，論者以為西人無君臣，無君臣何以立國，特不若中國之嚴耳，日本明治元年，大久保利通上疏云：「誠欲合全國君臣上下為一心，必自天子降尊始，自今以往，請盡去拜跪俯仰之儀，一以簡易質實為主，國有大事，與衆同議，我天皇必親臨太政宮而取決焉，政府諸臣，每日必見面，每月必會食，俾人人親君而愛上，庶國勢可興。」日本用之，遂成維新之治，是知君臣大義，不在過於尊君卑臣也。

我國君尊臣卑之禮，行之千有餘年，皮氏討論救亡圖存，變法改制，乃自君臣尊卑之禮爲始者，蓋以君主專制，行之已久，一切下議，不易上達，今欲變法改制，必自改易君尊臣卑之禮入手，實則乃欲自根本轉移君主體制，以爲日後立憲新制張目也，故皮氏既論上古無君尊臣卑之禮，又以秦皇宋祖，爲君臣關係轉變之幾，又以日本明治維新盡去跪拜之禮，方能上下一心爲例，以求變改舊儀，更新體制也。

清代晚期，託古改制之論，風行一時[9]，康有爲梁啓超於此，推行尤力，而皮氏精湛今文經學，所言變法改制之議，實與康梁之說，桴鼓相應，理論相近，故皮氏早期，於康梁之說，頗致同情，亦多相輔相成之論，馴至晚年，遂稍變改，蓋康梁變法，純爲政治所用，而皮氏一生，終不改其爲經學專門之名家也。

《南學會講義・第十一講》有云：

> 國朝名臣名儒輩出，船山默深諸公，以文學開風氣，曾左胡江羅李，以武功致中興，於是四方推重湖南，為人才極盛之地，固由地氣轉移所致，亦由鄉先生之善變也，如不變，則終如古南蠻而已矣。

又云：

> 今五大洲通而為一，乃古來未有之奇變，天地之氣運，一變至此，人何能與天地相抗，能迎其機而自變者，其國必昌，不能迎其機而變者，其國必亡，至於國亡之後，必別有人代為之變，俄之彼得，日本之睦仁，能迎其機而自變者也，若五印度南洋諸島，非洲諸國，不能迎其機而變，國亡之後，而人代為之變者也。

晚清國勢，岌岌可危，皮氏觸目驚心，遂大聲疾呼，力勉國人，變法圖存，改制救亡，以爲

「時局愈變愈奇，中國之勢愈迫」，國人如「不肯自變，將來亦必終歸於變」，是以惕勵國人，如「自己不變，而待人來變」⑩，則國族淪亡，不可救矣。要之，變法改制，以救危亡，雖爲當時通行之議論，而皮氏於此，亦三致意焉。

## 四、以「保種保教」惕勵頹靡之人心

清代末年，西力東漸，中華國土，迭遭鯨吞蠶食，覆亡之禍，危如累卵，皮氏有見於此，大聲疾呼，欲國人保種保教，力挽沉淪，《南學會講義・第六講》有云：

> 今時事岌岌，旅順大連灣，已插俄旗，聞英法皆有變局，中國四百兆人，將有滅教之懼，湖南開學會，實為急開民智，萬不得已之計，而憒憒者猶或以為天下無事，正當歌舞太平，何必無病而呻，危言激論，是謂多事，又或以為大局分裂，事無可為，空講義理，有何用處，是謂迂闊，不知今非無事，亦非全不可為，正應急起為之，如救焚拯溺，其最急者，一曰保種，一曰保教。

又云：

> 五大洲內種類不齊，亞洲內，如中國十八省，東三省，新疆回疆，以及日本朝鮮越南暹羅之屬，其人色黃，謂之黃種。歐洲內，俄英德法，及各小國，美洲內，美利堅墨西哥巴西之屬，本歐洲人，其人色白，謂之白種。美洲紅皮土番，其人色紅，謂之紅種。非洲土人，及五印度南洋諸島土人，其人色黑，謂之黑種。今紅種黑種，為白種人剪滅殆盡，取其民，據其地，奪其生理，生理既失，種類遂微，數十年來，紅種黑

種之人，日少一日，惟白種人獨盛，所以各種皆微，而白種獨盛者，非由於强弱不同，實由於智愚迴異，紅種黑種，皆野蠻不知學問，雖性情獷悍，能以力强，不能以智强，故雖竭力與白種爭，終為白種之所剪滅。

又云：

我黃種之人，聰明才力，不在白種之下，凡白種所能為之事，黃種無不能者，東洋一切製造，皆能仿效西人，今中國亦有能仿西人製造者，中國人出洋學習，其智慧多為西人推服，然中國雖有此智慧，未能講求開通，智者自智，愚者自愚，其智者足與白種抗衡，其愚者亦與紅種黑種，相去不遠，若不急開民智，恐不免為紅種黑種之續。

皮氏枚舉，當時世界，白色人種獨盛，欺滅其他人種，以此事實，警惕國人，欲免滅亡，必先保種，而保種之要，首在開啓民智，而開啓民智，尤在「保護孔教」，《南學會講義‧第六講》又云：

中國從孔子教，歷二千年，代用其書，以教國胄，三綱五常之理，四書五經之文，無不家喻戶曉，以為人之異於禽獸者在此，藉此維繫世道人心，中國所以為禮義文明之國，皆漢以來信從孔教之力也，雖其間有道教，有釋教，與孔教並稱為三，當二氏盛時，從其教者，或以為勝孔子，然中國終以孔教為正，今二氏之教，衰微極矣，而天主耶穌教，乃起於數萬里外，入中國與孔教爭勝。

又云：

其教士居中國久，習中國文字，乃引聖經賢傳所言事天敬天之義，及〈西銘〉乾父坤母之文，盡掇取之以入其書，其書亦談忠孝，說仁義，要人奉事父母祖宗，此等道理，與彼教並不符，與孔教反相近。或曰，彼能崇尚孔教，是吾聖人之道，當行於泰西，如〈中庸〉所云「施及蠻貊，凡有血氣，莫不尊親」，此大同之機也。或曰，彼實欲傾孔教，知我中國尊信已久，不能猝奪，巧為授儒入墨之計，使淺陋之士莫能辨，以為彼與孔教無異，則讀書人皆將附和，所謂彌近理而大亂真也。是二說各有所見，以時勢而論，彼強我弱，彼教奪我孔教甚易，而以孔教變彼教甚難，孔教無人傳海外，其知有孔教者不過在中國教士數人，是孔教之傳於彼者甚狹，彼教既遍傳中國，其勢必爭孔子之席，又恐爭不能勝，而取孔教之精理名言，以入彼教，則彼教之及於我中國者更廣。

西人東來，廣宣教義，欲人爲善，本無不可，怎奈當時，西教傳入中國，正當孔教之衰，國人中心無主，群起信奉，捨己從人，其勢危矣，而西教以教義先行，武力繼之，文化入侵之外，軍事入侵隨之，當時中華，不僅文化沉淪者在前，國土淪亡，亦將繼之於後，故皮氏大聲疾呼者在此，《南學會講義．第六講》有云：

今欲保教，急須講明孔教義理，使人皆灼知孔教與天主教，何者為同，何者為異，自然不至為彼煽誘。

《南學會講義．第七講》亦云：

保教在先講明孔教義理，使中國人皆知孔教之大，並切實有用，自然尊信我教，不至遁入彼教，使外國人亦知孔教之大，並切實有用，自然不至藐視我教，不敢以彼教奪我教。

要之，文化思想，爲立國之根本，而救亡必先保種，保種必先保教，蓋文化淪亡，尤險於國土之淪亡，此在當時，學士大夫，洞察明識，多有此議，皮氏有見及此，故亦力倡保教保種，而於南學會中，力疾呼籲也。

## 丙　結　語

光緒二十三年（西元一八九七年）八月二十六日，湖南時務學堂成立，梁啓超受聘入湘，爲總教習，宣揚新政，稍後，南學會繼此設立，而南學會設立之初，受時務學堂之影響甚深，皆有講明新學，轉移風氣，變法圖存，自立救亡之目的，故梁啓超於上陳寶箴書中，即明言「今日非變法萬無可以圖存之理，而欲以變法之事，望政府諸賢，南山可移，東海可涸，而法終不可圖變」，「故爲今日計，必有腹地一二省可以自立，然後中國有一線之生路」，「公度研甫，皆一時人材之選，殊若天意欲使三湘自立以存中國，而特聚人才於一城以備公用者」⑪，而譚嗣同上陳寶箴書中，亦亟言「善亡」之策，所謂「善亡」，即國雖亡而不亂也⑫，蓋皆欲神州一旦成爲列強瓜分之勢，湖南應即實行自立，假以數年，湖南或可不亡，進而維持中國一線之生機也，且南學會之設立，講明新學，變法改制，亦隱然含具「議會」之功能存在，梁啓超於《戊戌政變記》中嘗云：「南學會實隱寓衆議院之規模」⑬，皮錫瑞於《師伏堂未刊日記》中亦曰：「黃公度（遵憲）即以此（南學會）爲議院」，「予以爲諸公意，

矢之的。

蓋不在講學，實是議院」⑭，可見一斑。

南學會設立之初，湘省新舊人物，多表支持，然而，時日稍久，南學會設立之眞意，逐漸顯現，影響日巨，而湖南守舊之士，如王先謙、葉德輝、張祖同、孔憲教、蘇輿、劉鳳苞等，乃群起而攻之，新舊勢力，遂亦漸同水火，不能相容，而皮氏錫瑞，身居學長，自屬衆矢之的。

守舊人士，排拒皮氏最力者，厥爲葉德輝氏，葉氏嘗三度移書皮氏，蠻橫詰責，皮氏則以時事方亟，不宜互爭意氣，乃答書解說，並謂「弟所學，本兼漢宋，服膺亭林船山之書，素主變法之論，今講已十餘次，所說非一端，其大旨在發明聖教之大，開通漢宋門戶之見，次則變法開智，破除守舊拘攣之習，如是而已」⑮，而葉氏悍然如故，且群小攻訐，至有詆南學會爲「鹿皮講演，熊掌搖鈴」，以影射皮錫瑞與熊希齡者，光緒二十四年（西元一八九八年）四月二十日，皮氏乃離湘赴贛，仍主經訓書院講席，至是，學長旣去，南學會遂亦輟講，延至八月，遂遭裁撤。⑯

光緒二十四年二月，長沙南學會成立，揚宣新學，稍後，湖南各地分會，紛紛設立，而模仿南學會規模之各類學會，如輿算學會、學戰會、法律學會、公法學會等，亦陸續在湘省各地出現⑰，此等學會，亦多以南學會爲中心，形成有系統之組織，而南學會對於各地分會與其他學會，亦多有節制之權力，一時南學會之影響力量，漸形強大，而新觀念與新學風，遂亦一時迷漫於湘沅全省。

南學會成立之初，主要工作，在舉行集會講論，講論會自光緒二十四年二月一日，首次開講，以迄四月中旬，停止講論，共計講論二十五次，其中譚嗣同主講四次，陳寶箴主講二次，黃遵憲及鄒代鈞各主講一次，而學長皮錫瑞主講十二次，爲數最多，其他五次，分由地方名士碩儒主講，然則南學會講學之影響，亦以皮氏所宣講者，最爲巨大，從而可知。

南學會後雖停止講論，遭受裁撤，而其參加人員以及聽講之徒衆，若陳寶箴、江標、徐仁鑄、譚嗣同、熊希齡、陳三立、皮錫瑞、唐才常、畢承年、黃興、宋教仁、蔡鍔等，或推行新學，或同情變法，或參加革命，其在清末民初，變法維新，以至推翻滿清之過程中，所曾產生之影響，實亦不在少數也。

皮氏《南學會講義》一十二篇，所論漢宋調和；朱陸異同，久爲學術史上辯爭不已之議題，改制變法，保教保種，則係晚清政治社會中最爲關切之問題，而皮氏於《講義》中所論次者，平章學術，剖析潮流，於此四者，並加探討，議論古今，引歸現實，商量學術，不離世局，具可以見皮氏關懷國族興衰、民氓隱憂之用心，雖曉喻群衆，平淺易了，廣宣要義，不務湛深，而「貫穿漢宋，融合中外，皆通儒之言」[18]，則似可以爲定評者，其在清末維新變法史上，亦當有其應具之地位在也。

## 附注

❶ 參見王爾敏先生所撰〈南學會〉一文，載於王先生所著《晚清政治思想史論》一書，此據民國五十八年九月學生書局初版本。

❷參見皮名振所撰《皮鹿門年譜》，此據民國七十年十二月臺灣商務印書館初版本。
❸此據民國五十七年十二月臺北大通書局所印《湘報類纂》初版本，下引並同。
❹見《南學會講義·第七講》。
❺見《南學會講義·第三講》。
❻康有爲撰《孔子改制考》，盛倡孔子與先秦諸子改制之說。
❼見《南學會講義·第八講》。
❽見《南學會講義·第九講》。
❾參王爾敏先生所撰〈清季維新人物的託古改制論〉一文，載於王先生所著《晚清政治思想史論》書中。
❿見《南學會講義·第十一講》。
⓫載《覺迷要錄》卷四，此據林能士先生所著《清季湖南的新政運動》（國立臺灣大學文史叢刊第三十八種）一書所轉引。
⓬載譚嗣同《秋雨年華之館叢脞書》未刊稿，此據林能士先生所著《清季湖南的新政運動》一書所轉引。
⓭轉引自林能士先生《清季湖南的新政運動》。
⓮同⓭。
⓯見蘇輿所輯《翼教叢編》卷六，此據民國五十九年十二月臺聯國風出版社影印本。
⓰同❷。
⓱參見林能士先生《清季湖南的新政運動》。
⓲同❷。

（此文原刊載於《興大中文學報》第七期，民國八十三年一月出版）

# 七 康有爲《長興學記》與葉德輝《長興學記駁議》

## 甲 引言

清光緒十四年（西元一八八八年），時康有爲三十一歲，以諸生詣闕上書，請求變法，雖以故未能得達，而京師譁然，擧國目以爲怪矣。十五年，有爲南歸返粵，十六年，移居羊城，八月，梁啓超隨陳千秋往謁有爲，一見大服，遂執業爲弟子，共請開館講學，十七年，有爲開館於廣州省城長興里之萬木草堂，講學授徒，並著《長興學記》，以爲學規，梁氏嘗自述其事云：「先生爲講中國數千年來學術源流，歷史政治，沿革得失，取萬國以比例推斷之，余與諸同學日劄記其講義，一生學問之得力，皆在此年。」❶時康氏三十四歲，梁氏方十九歲耳❷。

光緒二十三年（西元一八九七年），梁氏二十五歲，時譚嗣同、黃遵憲、熊希齡等設時務學堂於長沙，聘梁氏主講席，梁既至，乃日以《公羊》《孟子》爲教，課以劄記，又刊刻康氏《長興學記》，以爲課士之資，時學生僅四十人，而李炳寰、林圭、蔡鍔稱高才生焉，梁氏每日在講堂四小時，夜則批答諸生劄記，每條或至千言，往往徹夜不寐，所言皆當時一派之民權論，又或多言清代故實，臚舉失政，盛倡革命，時學生皆住舍，不與外通，及年假，諸生歸省，出箚記示親友，全湘大譁，蘇輿乃輯《翼教叢編》一書，將康氏所著之書，及梁氏所批學生箚記，逐條痛斥，葉德輝針對《長興學記》，而有《長興學記駁義》之作，❸今考康氏、葉氏二書所論，其關係於晚清學術之是非與演進者，不爲不巨，故乃取茲兩書，❹爲之比較評析，亦所以章明此一學術史上之公案也。

## 乙 評析

康氏《長興學記》，以孔子「志於道，據於德，依於仁，游於藝」❺四者爲大綱，分注條目，以爲入學之基焉，其綱目如下：

「志於道」下，分「格物」、「厲節」、「辨惑」、「慎獨」四目。

「據於德」下，分「主靜出倪」、「養心不動」、「變化氣質」、「檢攝威儀」四目。

「依於仁」下，分「敦孝弟」、「崇尚任卹」、「廣宣教惠」、「同體饑溺」四目。

「游於藝」下，分「義理之學」、「經世之學」、「考據之學」、「詞章之學」四目。

湘人葉德輝氏於所著《長興學記駁義》之中，即「舉《學記》之尤謬者，分條摘駁，以明是非」，「俾知康梁之說，不中不西」，「庶二千年之正學，不得淆亂於異端」❻也。以下，即各依門類，以分析康氏《學記》內容，與葉氏所駁正者，以評論二者在學術上之是非曲直也。

## 一、康氏所說，未免牽强，而葉氏所駮，較有理致者

康氏《長興學記》之中，亦有說義稍顯牽強，不免有欠完密，而葉氏駮之，於學理之間，較易成立者，如《長興學記》論「爲學」之意義有云：

> 學也者，由人為之勉强，至逆者也，不獨土石不能，草木不能，禽獸之靈者，亦不能也，鸚鵡能言，舞馬能舞，不能傳授擴充，故無師友之相長，無靈恩之相觸，故安於其愚，而為人賤弱也。

又云：

> 唯其任智而知學也，順而率性者愚，逆而强學者智，故學者，唯人能之，所以戴天履地，而獨貴於萬物也。

葉氏《長興學記駮義》（以下省稱《駮義》）云：

> 孟子言犬牛之性，與人不同，是人禽之異，不因學不學也，〈中庸〉言「率性之謂道」，率性卽順性也，何至於愚，鄭氏注《禮・中庸》「勉强」，為「恥不若人」，《朱注》以「困知勉行」為勇，知恥近勇，鄭朱義同，此亦非至逆之事。

今案孟子嘗以犬牛之性，與人不同（見《孟子・告子篇》），然而又曰：「人之異於禽獸者幾希。」亦謂人與禽獸相異之少也，人之異於禽獸者，「君子存之」，則在人能存養擴充其仁義之性，而禽獸不能也，人而不能存養擴充其仁義之性，「庶民去之」，則其違禽獸爲不遠矣，故人之異於禽獸者，不在其能學與不學之差異也，且〈中庸〉所謂「率性之謂道」，率者循也

（見《朱注》），此亦孟子「道性善」之先河也，而康氏勉人爲學，其意雖是，而必以「逆」字爲言，必曰「其逆彌甚者，其學愈至」，必曰「欲矯然易之，非至逆安能哉」，則不可也，而必曰「率性者愚，逆而強學者智」，則尤不可也，蓋強學者雖可智，而率性者亦不必至於愚也，康氏以「逆」爲論，無乃不可乎。又如康氏《長興學記》論「習禮」有云：

> 朔月月半，行相揖之儀，以鼓為節，考鐘磬吹管撫琴，案《開元詩譜》而歌詩，升歌《詩經》三篇，閒歌國朝樂章三篇，笙入漢魏詩三篇，散歌唐宋詩，以管和之，禮畢投壺，論學而散。

葉氏《駁義》云：

> 此顏李之學也，而作者又不出此，夫禮樂不相沿襲，世儒類能言之，若案開元之詩譜，而歌國朝之樂章，是何異服優孟之冠裳，而行郊祀之典禮乎？作者挾虛憍之氣，行詭秘之謀，習見西國學校章程，以贊揚教主為宗，以蹈蹴跳舞為樂，以律樂為專門之學，以安息為肄習之期，於是名為復古，實將變夏。

今案葉氏以康氏「習禮」之事，歸之曰「顏李之學」，義雖略似，然顏李之堅苦卓絕，康氏恐不足以望而匹之也，夫禮樂者，不必沿襲，可變者儀節，不可變者精義，康氏所爲，「名爲復古」，降而不能，流弊甚矣，「實將變夏」，非恫言也，葉氏論康氏「習禮」，謂其「行詭秘之謀」，雖非其實，謂其「挾虛憍之氣」，或不免有之矣。又如康氏《長興學記》論「變化氣質」有云：

> 學既成矣，及其發用，猶有氣質之偏，亟當磨礱浸潤，底於純和，昔朱子論謝上蔡陸

子靜，謂無欲之上，尚隔氣質一層，呂東萊少時，氣質極粗，及讀《論語》，至躬自厚而薄責於人，於是痛自改變，故朱子曰，學如伯恭，始得謂之變化氣質……若氣質不和，發用偏頗，害事不少，願共勉焉。

葉氏《駁義》云：

陽明《語錄》載〈與王純甫書〉云：「變化氣質，為學之要，而為政亦在其中。」此數語為作者所本，而失之甚遠，夫王云為學之要，則是學猶未成，安有學成，而發用偏頗，至於害事之理。

今案陽明〈與王純甫書〉有云：「變化氣質，居常無所見，唯當利害、經變故、遭屈辱，平時憤怒者，到此能不憤怒，憂惶失措者，到此能不憂惶失措，始是得力處，亦便是用力處。」此即陽明所謂「事上磨練」之意耳，《傳習錄》卷六記陽明之言云：「人須在事上做工夫，乃有益，若只好靜，遇事便亂，終無長進。」亦此意也，夫陽明既謂此「是得力處，亦便是用力處」，實就學未成處而言，故需此「事上磨練」，以求能變化氣質之偏也，康氏乃直言「學既成矣」，「及其發用，猶有氣質之偏」，猶有「氣質不和，發用偏頗，害事不少」，則不免昧於本原者矣。

以上，姑學數例，以見康氏立說，亦偶有涉於牽強，不甚完密者在也。

## 二、康氏立說，義有偏重，而葉氏所駁，過爲嚴苛者

康氏《長興學記》之中，有康氏立說，雖不盡無可議，然係康氏處茲時代，其旨別有所重，

且大義仍自不虧，而葉氏駁之，不免過於深刻嚴苛者，如康氏《長興學記》論「考據之學」有云：

無徵不信，則當有據，不知無作，則當有考，百學皆然，經學史學，掌故之學，其大者也，瑣者為之，務碎義逃難，便辭巧說，則博而寡要，勞而鮮功，賢者識其大，是在高識之士，凡義理經世，不關施行，徒辨證者，歸考據類。

葉氏《駮義》云：

考據之事，乃學問之一途，漢人說曰若稽古至三萬言，宋人言格物連篇累牘，此僻儒之患，至於今日，破碎極矣，然因此並訓詁名物，而亦廢之，則又不知學術之大小本末也，且義理經世，不關施行，徒辨證者，亦何必以之立教？作者著書持論，於考據大肆詆諆，不應又以此為標目，豈史學掌故之考據，異於經學名物訓詁之考據耶？此則人所不解者也。

今案康氏之學，以講明義理，經世致用，爲其目的，故其教人，亦以經世義理，犖犖大端者爲準，其教弟子，亦多勉之以「賢者識大」，至其自著之書，於考據大肆詆諆，此則一以施教，一以著論，二者本不必合爲一事，葉氏乃謂康氏「著書持論，於考據大肆詆諆，不應又以此爲標目」，「何必以之立教」，則似僅知其一，不知其二者，亦不免過爲苛虐之論矣。

又如康氏《長興學記》論「鎗」有云：

古者男子生而懸弧，長而習射，蓋上則為將帥，下則為卒伍，寓武備於文事，無之非射，故一人有一人之用也，國朝八旗考試，皆用騎射，別有火器營，今弓矢已無用，鎗砲代弓矢者也，士皆宜習之，以備緩急之用，當以春秋佳日，擇地習學。

葉氏《駁義》有云：

昔項王學劍，以為匹夫之勇，今之持鎗，何異於是，西制最重武途，而禁例仍不得私藏火器，蓋防禍未然，中外有同情也，作者欲士盡持鎗，無論為項王所竊笑，抑亦西學所未有，識時務者，乃亦有此不通之論耶。

今案康氏嘗云：「周人六藝之學，最美矣，但射御二者，於今無用，宜酌易之，今取人事至切，經世通用者，一曰圖，一曰鎗，補之，庶足爲國家之用，不謂迂疏也。」其義自是，且康氏當清代末葉，變法圖強之際，有見於西洋之船堅炮利，故力主人人知兵，文武合一，「寓武備於文事」，以鎗而代弓矢，以備緩急之用，其意正大，且符實需，而葉氏乃以持鎗習射爲匹夫之勇，方之爲項王學劍，無論比擬不倫，乃其目光如豆，不通時務，亦可哂耳。又如康氏「長興學記」論「圖」有云：

圖譜之學久亡，不知書求其理，圖求其形，用莫切矣，昔人云，登高能賦，可為大夫，吾謂登高能圖，可為士矣，圖學從數學入，故從其後。

葉氏《駁義》云：

此本鄭漁仲之説，而《輶軒今語》所本以詁士者也，今曰圖譜之學，有應從數學入者，天文地理諸圖是也，有不必從數學入者，植物動物諸圖是也，概以為從數學入，余所不信。

今案鄭樵《通志》有〈圖譜〉一略，所收多輿地、京城、宮闕、天文、律呂、世系之圖，推其意也，則在欲人「置圖於左，置書於右，索象於圖，索理於書」[7]，以求圖書配合，相得益彰也，康氏當西學東漸之時，有感於西人輿地形貌諸圖之有裨實用，故亦特重圖譜之作，至其以爲圖譜皆從數學而入，所持雖或稍過，然其用心，自是可取，葉氏議其末節，未免過爲苛刻矣。

以上，姑擧數例，以見康氏之說，或有稍欠完密，然其用意，別有偏重，而其大旨，則固無可易改者也。

## 三、康氏立說，能見其大，而葉氏所駁，未免支離者

康氏《長興學記》之中，有立說能見其大，用意極可寶貴者，而葉氏駁之，僅能從細微處着眼，故所論往往支離瑣屑，無當大義者，如康氏《長興學記》論〈養心不動〉有云：

〈學記〉曰：「知類通達，强立不反。」《易》曰：「君子以獨立不懼，遯世无悶。」《孟子》曰：「我善養吾浩然之氣。」又曰：「我四十不動心。」人之生世，稱譏苦樂，毀譽得失，釋氏謂之八風，八風不動，入三摩地，朱子謂後世做聖人難，縛手縛腳，無不動之學故也，必通天人之故，昭曠無翳，超出萬類，故人貌而天心，猶恐血氣未能融液，將死生患難，體驗在身，在有如無，視危如安，至於臨深崖，足二分垂在外，從容談笑，其庶幾乎，死生不知，則毀譽謗訕，如蚊虻之過耳，豈復省識，故行吾心之安，雖天下謗之而不顧，然後可以當大任也，學者有伊尹之志，若學不至此，猶是婞婀囁嚅，闇然媚世，終未能成。

葉氏《駁義》云：

此亦假陽明白沙之說而行其奸者也，《明史‧儒林傳》云：「白沙學以自然為宗，以忘己為大，以無欲為至，蓋其學初本周子主靜，程子靜坐之說，以立其基，而造道日深，自得之效，則有合於見大心泰之詣，故凡富貴功利得喪死生，舉不足以動其心。」陽明《語錄》曰：「只為世上人，都把生身命子看得太重，不問當死不當死，定要宛轉委曲保全，以此把天理却丟了。」又曰：「毀謗是外來的，雖聖人如何免得，若自己實實落落是個聖賢，縱然人都毀他，也說他不著。」蓋陳王之學，與釋氏四大皆空，捨身救世之說，間不容髮，作者又變其旨，展轉沿訛，其徒和之，至以殺身成仁之言，快其睚眦之報，其傳日遠，其害益烈，甚矣，學術之不可不正也。

今案康氏之說，葉氏謂為出之白沙陽明，然而，康氏既明引〈學記〉〈易辭〉《孟子》之言，則謂之出於《易》《禮》孟軻，何為不可乎，夫康氏自云「行吾心之安，雖天下謗之而不顧，然後可以當大任」，自云「學者有伊尹之志」，「死生不知，則毀譽謗訕，如蚊虻之過耳」，此其胸襟氣慨，自不同於凡俗，蓋當晚清之際，康氏懷抱大志，出而講學變法，以力挽狂瀾為己任，亦必有其一段憂國憂民之血誠在身，以是持教，乃能使頑廉懦立，有以感發興起，是以一為首倡，「其徒和之」，自有其聲應氣求之肝膽相照者在，故能為之「殺身成仁」，蹈白刃而不悔也，此在康氏，得於《易》《禮》《孟子》之激勵者為多，灼然明白，而葉氏必以為襲自白沙陽明釋氏之說，則是有意誣之者也。又如康氏《長興學記》論「廣宣教惠」有云：

仁為相人偶之義，故貴於能羣……即佛氏空寂，亦言若不普渡衆生，誓不成佛，未有以自了為美者，後世以老楊之學，託於孔氏，於是下者營私，上者獨善，出而任事者，皆貪狡無恥之人，而生民無所託命，則教之中變也，今上原周孔之意，推行仁道，期易天下，使風氣丕變，先覺之任，人人有之，展轉牖人，卽為功德，推之旣廣，是亦為政，則志士仁人，講學之責也。

葉氏《駮義》云：

〈中庸〉仁者人也，《鄭注》人讀相人偶之人，唐《疏》及宋以後說經之書，皆不得其義，朱子亦未詳言，近日陳東塾本其師阮文達之說，以仁字从二人為相人偶，作者變亂其旨，以為合羣，其心非廣宣敎惠，不過欲私立黨會耳。

今案康氏是時，以講明學術，推行仁道，爲天下倡，自亦有其一付救世之熱忱，振奮之意願，始能聳動一世之人，蔚以爲風氣者也，其謂人之相與，「貴於能羣」，而不以「自了爲美」，其謂「上原周孔之意，推行仁道，期易天下，使風氣丕變」，而以「先覺之任，人人有之，展轉牖人，即爲功德」，以此激勵人心，其幟光明正大，幾若不可抗衡者矣，而葉氏乃謂其「非廣宣教惠，不過欲私立黨會」，又以經疏古義釋「相人偶」之字義，皆不能免於見小瑣屑之譏也。又如康氏《長興學記》論「同體饑溺」有云：

吾與斯人同出於天而親同，吾與禹稷伊尹同其耳目手足而義同，吾之不如伊尹禹稷，可恥也，吾之不能仁親，可愧也，顏子曰：「舜何人也，予何人也，有為者亦若是。」然先正之美言，學者將疑其高遠而不可幾也，夫反而求之，我豈無饑溺乎，我有饑溺，望人拯之，人有饑溺，我坐視之，雖禽獸其忍之哉，故同體饑溺，不過推心稍廣而已，學者無河漢之也。

葉氏《駁義》云：

堯舜病博施，禹思天下饑溺，聖與聖不能等量而齊觀，作者以為推心稍廣，談何容易，彼蓋以佛氏普渡衆生為宗尚，而陰持基督愛人如己之故，以張救世之旨，其行若虎之有倀，其心如蛾之赴火，自非根器極深之人，其不為所亂者尠矣。

今案康氏所論，即孟子所謂親親仁民，〈西銘〉所謂乾父坤母之義也，故有人溺己溺之心，有民胞物與之量，而有推心稍廣之想，同體饑溺之志也，故曰：「吾與斯人同出於天而親同也」，而葉氏必欲推之於佛氏基督之境，以成其拒斥異端之口實，其所用心，先不可問矣，且夫康氏即令以「佛氏普渡衆生爲宗尚」，以「基督愛人如己」，「以張救世之旨」，又何爲不可乎。

以上姑擧數例，以見康氏措心之大，而葉氏識見之小也。要之，康氏以一介書生，赤手空拳，無權無勇，而能奮發其心，變法圖強，維新救國，以至聳動天下，震驚中外，雖則功敗垂成，然其講學論道之際，必有一番血膽赤心、以興亡爲己任者在胸，故能環顧生民疾苦，襟懷救世抱負，若是之不凡也，此則葉氏之見，萬萬不能企及者也，是故葉氏之評，一涉及此等處，未有不瑣屑支離而破碎不堪者矣。

以上姑擧數例，以見康氏之說，有所見甚大，而葉氏駁之，往往支離瑣屑者也。

## 四、葉氏所駁，論辯之外，有肆其謾罵，妄加詆毀者

葉氏於康氏《長興學記》所說，亦有論辯之不足，而繼之以譏訕謾罵者，此雖無甚足觀，

然可以見葉氏駁斥之辭已窮，尤可以見葉氏守舊之立場者也，故亦爲之枚擧數例焉，如康氏《長興學記》論「性」有云：

> 孔子曰：「性相近也。」夫相近則平等之謂，故有性無學，人人相等，同是食味別聲被色，無所謂小人，無所謂大人也，有性無學，則人與禽獸相等，同是視聽運動，無人禽之別也。

葉氏《駁義》云：

> 《論語》「性相近也，習相遠也」，自來注疏家及諸家之書，說之累千萬言，而不能盡，唯《中庸》「天命之謂性，率性之謂道，修道之謂教」數語，為得孔氏真傳，蓋天命為性，所以相近，不能率性，則習而相遠，顧氏炎武，以「人之生也直，罔之生也幸而免」解之，其義至為精確，今日說經之書，汗牛充棟，誠有如古人所譏，博而寡要者，然未有以平等為相近，以人與禽獸為無別者也。

又云：

> 附子性熱，大黃性涼，如作者之無性，是草木之不若也，又奚足與禽獸為伍哉！

今案康氏之意，要在勉人爲學，以自振拔，以自異於禽獸也，其說雖不盡是，然其意固可取也，乃葉氏論辯駁斥之不足，又從而繼之以謾罵，其人品則愈益卑下矣。又如康氏《長興學記》論「仁」有云：

> 天下未有去仁而能為人者，虎狼鷹鸇，號稱不仁，而未嘗食其類，亦仁也，人莫不愛其身，則知愛父母，其本也，推之天下，其流也，有遠近之別耳，其為仁一也，是故

其仁小者為小人，其仁大者為大人，故孝弟於家，仁之本也，睦婣於族，仁之充也，任恤於鄉，仁之廣也，若能流惠於邑，則仁大矣，能推恩於國，則仁益遠矣，能錫類於天下，仁已至矣。

葉氏《駮義》云：

作者欲平人禽之等，而以虎狼鷹鸇之不食其類，謂之合於仁，此千古講學之奇談也。

又云：

作者禽獸之性，不惜以其身同鳥獸之羣，而附和之者，乃欲以其學禍天下萬世也，悲夫。

今案康氏嘗曰：「人之所以爲人者仁也。」其以虎狼等未嘗食其類爲仁者，亦在強調仁之重要而已，故以爲「天下未有去仁而能爲人者」，「其仁小者爲小人，其仁大者爲大人」，此其用心，本極可取，而葉氏乃必引申以爲康氏「欲平人禽之等」，又從之以謾罵，實不能免於深文周納之譏矣。又如康氏《長興學記》論「恥」有云：

一恥無志，志於富貴，不志於仁，可恥也。二恥徇俗，徇於風氣，不能卓立，可恥也。三恥鄙吝，張南軒以鄙吝為大惡，凡鄙吝者，天性必薄，為富不仁，可恥也，宜拔其根。四恥懦弱，曾子以懦弱為庸人，見義不為，可恥也。

葉氏《駮義》云：

作者卽無恥之人，其胸中富貴鄙俗之見，時時發露於行止，顧乃以之立教耶。

此則葉氏棄其駮義，而逕爲肆其村夫之垢詈者矣。尤有甚者，葉氏於康氏《長興學記》之主張，既不復能駁其義趣，則改而攻擊康氏之行徑，如所曰：「顧以其生平行事考之，實有不可教人者，夫結黨營私，不得謂之格物。奔走權門，不得謂之厲節。其學出入於釋耶，爲離經畔道之尤，不得謂之辨惑。熱中富貴，終日栖皇，不得謂之愼獨。」又曰：「自公車上書，至於通籍以後，藉端滋擾，未嘗一日安居，不得謂之主靜出倪。《僞經考》之獄起，以急電求援京師，而事得寢，及遊桂林，聚徒風洞，以避粵人之攻，不得謂之養心不動。迹其少時，以無賴爲害鄉里，鄉學後其勢益橫，粵中言人人同，不得謂之變化氣質。」似此之言尚多，則更無關學術，而攻及人身，論其品第，亦益形卑下矣。

## 丙 結語

光緒二年（西元一八七六年），康有爲年十九，應鄉試不售，乃從邑中大儒朱九江先生學於禮山草堂，九江名次琦，號稚圭，又字子襄，時年已七十矣，九江先生碩德高行，博極羣書，其爲學也，根柢宋儒，特重氣節，又主經世致用，故於歷代政治沿革，最有心得，其教弟子，則必以修身讀書之實學，嘗云：

修身之實四，曰惇行孝弟、崇尚名節、變化氣質、檢攝威儀。

讀書之實五，曰經學、史學、掌故之學、性理之學、辭章之學。❽

又云：

康有爲自光緒二年，從學於朱九江先生，以迄光緒四年之冬，辭歸鄉里，在禮山草堂，前後雖不足三年，然其爲學方向，治學精神，多受九江先生之影響，則係不爭之事實，且夫康氏日後講學所撰之《長興學記》，其規模義趣，亦多沿承九江先生四行五學之實學者，是故康氏《長興學記》嘗云：「鄙人常侍九江之末席，聞大賢之餘論，謹誦所聞，爲二三子言之。」可以爲證。

雖然，康氏之《長興學記》，其精神義趣，大多沿襲九江先生講學之要旨，然而，康氏之《長興學記》，較之九江先生所論，內容亦益見充實完密，其在當時，所締造之學風，亦具有特殊之影響存在，約而言之，可分數端：

**其一，能體現孔門論學之精神**

康氏《長興學記》有云：「天下道術至衆，以孔子爲折衷，孔子言論至多，以《論語》爲可尊，《論語》之義理至廣，以志于道、據于德、依于仁、游于藝四言爲至該。」又云：「孔子之學，有義理、有經世。」又云：「今與二三子，通漢宋之故，而一歸于孔子。」此其大綱，雖本於孔子，至其子目，則所分細密，內容充實，實可措諸於施行者，是以康氏論學，氣象恢弘，門庭廣濶，其措心也大，其立志也遠，固不專爲硜硜於小知淺識之馳騖，既能體現孔門志道成德之宗旨，復能歸本於孔門義理經世之精神者也。

**其二，能承襲宋明儒者講學之理想**

康氏《長興學記》有云：「孔子曰，學之不講，是吾憂也。陸子曰，學者一人抵當流俗不去，故曾子謂以文會友，以友輔仁。朋友講習，磨勵激發，不可廢矣，顧亭林鑑晚明講學之弊，乃曰，今日祇當著書，不當講學，於是後進沿流，以講學爲大戒。」又云：「故國朝讀書之博，風俗之壞，亭林爲功之首，亦罪之魁也。」夫宋明儒者，講學論道，其志必在於人心世道風俗之維繫，其所用力，亦不專在書册故籍之闡明也，昔者，朱子嘗撰〈白鹿洞書院學規〉，其爲學宗旨，以「希聖希賢」爲依歸，其所懸爲五教之目者，乃在夫「父子有親，君臣有義，夫婦有別，長幼有序，朋友有信」，其所持以爲究學之次第者，乃在夫「博學、審問、愼思、明辨、篤行」，其所擧爲修身、處事、接物之要者，乃在夫「言忠信，行篤敬，懲忿窒慾，遷善改過」，乃在夫「正其誼不謀其利，明其道不計其功」，乃在夫「己所不欲，勿施於人，行有不得，反求諸己」，此其學規，自宋迄明，遂爲歷代儒生講學之楷式，此其精神，亦爲宋明諸儒致力之目的。然而，自清初以降，歷經乾嘉漢學之鼎盛，書院學堂之衆多，而精神義趣，則已大變。求其眞能上追白鹿洞書院講學之精神理想者，恐亦唯有康氏之《長興學記》，始能目之爲嫡傳血脈，閒世一現而已。

## 其三，能適應當時社會之需要

康氏處身晚清，世亂亟矣，國勢衰矣，康氏有心用世，故能針對當時弊病，而提出新穎之教育理想，以之激勵來學，振拔志氣，康氏《長興學記》既成，其弟子陳千秋跋其尾曰：「吾師康先生，思聖道之衰，憫王制之缺，慨然發憤，思易天下，既絀之于國，乃講之于鄉，千秋與服領英秀，捧手請業，爰述斯記，以爲規言，其詞雖約，而治道經術之大，隱隱乎撥檖而光晶之，孔子之道，庶幾煥炳不蔽。」康氏弟子梁啓超所撰〈康南海傳〉亦曰：「其時張之洞實督兩粵，先生勸以開局譯日本書，輯萬國文獻通考，張氏不能用也，乃盡出其所學，教授弟子，以孔學佛學宋明學爲體，以史學西學爲用，其教旨專在激厲氣節，發揚精神，廣求智慧。」又曰：「每論一學，論一事，必上下古今，以究其沿革得失，又引歐美以比較證明之，又出其理想之所窮及，懸一至善之格，以進退古今中外。」❾梁啓超〈三十自述〉亦曰：「余以少年科第，且於時流所推重之訓詁詞章學，頗有所知，輒沾沾自喜，先生乃以大海潮音，作師子吼，取其所挾持之數百年無用舊學，更端駁詰，悉舉而摧陷廓清之。」又曰：「明日再謁，請爲學方針，先生乃教以陸王心學，而並及史學西學之梗概。」❿然則康氏之長興講學，亦確能針對當時政治之衰弊，而提出一新穎救挽之理論，針對乾嘉學術之頹靡，而揭示一新穎實用之教材，而《長興學記》之精神，亦確能契合於當時有志青年之需要，故能爲世人所推重，亦足可目之爲康氏變法維新圖強過程中一重要之指標也。

至於葉氏所撰之《長興學記駁義》，則其中失，亦有數端，可得而言者：

**其一，反映維新守舊思想之相互激盪**

葉氏爲是時舊學舊派之代表，識見旣囿於乾嘉咸同之舊風氣間，自亦不能接受康氏所揭櫫之新見解，自亦不能虛心理解康氏所提倡之新學風，以至激而相攻，實亦守舊思想與維新觀念相互鼓盪之自然現象也。

其二，透露康氏講學論道之若干缺失

葉氏雖不能理解康氏所提倡之新學風，然而，其於評論康氏缺失之處，以爲「大抵作者之學，雜亂未成」，而「其立法至簡，其卒業至易」，故「海內不學之士，可以文其固陋」，是以課其弟子，「學不必一年而成」，「而其旨，則一言以蔽之，曰，不讀書而言學」，凡如此者，則亦有不能爲康氏諱者，蓋康氏之學，來源既夥且雜，加以比附西學，粗疏膚泛，而欠深入，亦屬事實，且夫康氏變革之際，有心用世，急功近利，求效心切，而根柢不固，言大而誇，亦實有之，故葉氏之評，亦適足彰顯康氏《長興學記》中若干缺失者也。

其三，顯現彼此基本立場之差異排斥

夷考葉氏之用心，其始也，則激於學術之異同，力斥康氏之非，其終也，則往往雜以意氣之爭辯，而尤在堅執其衞道、尊君、保清廷、闢異端諸項，是以學術駁斥之不足，進而且辱及於人身，其與康氏，凡所議論，誠所謂道不同不相爲謀者也。

要之，康氏《長興學記》，其在晚清學術史與教育史上，實具有重要之地位存在，要非葉氏所駁斥者，即能貶損其價値者也。

光緒二十三年丁酉（西元一八九七年），康氏弟子梁啓超，主講長沙時務學堂，並刊刻康氏《長興學記》，以爲課士之資。明年，歲次戊戌，而政變作矣，梁氏嘗記其事云：「除上堂講授外，最主要者，爲令諸生作劄記，師長則批答而指導之，發還劄記時，師生相與坐論，時吾儕方醉心民權革命論，日夕以此相鼓吹，劄記及批語中，蓋屢宣其微言，湘中一二老宿，覩而大譁，羣起掎之，新舊之鬨，起於湘而波動於京師，御史某剌錄劄記全稿中觸犯清廷忌諱者百餘條，進呈嚴劾，戊戌黨禍之構成，此實一重要原因也。」⓫然則康氏《長興學記》，不僅影響於當時學術與教育者甚大，即其於當時政治之變法維新，亦嘗有其間接之催化影響者在矣，此亦可見當時之風氣丕變，新潮澎湃，挾狂飈而俱至，其勢誠有不可遏抑者也。

## 附注

❶ 見梁啓超〈三十自述〉，載《飲冰室文集》卷十一。

❷ 此據楊克己所編《民國康長素先生有爲梁任公先生啓超師生合譜》，民國七十一年十月臺灣商務印書館初版，及丁文江所撰《梁任公年譜長編》，民國六十一年八月世界書局再版。

❸ 參見梁啓超所撰《清代學術概論》頁一百四十，此據民國六十六年二月臺灣商務印書館臺一版。

❹ 《長興學記》及《長興學記駁義》，據民國五十九年十二月臺聯國風出版社影印之《翼教叢編》。

❺ 見《論語・述而篇》。

❻ 見葉氏《長興學記駁義・敍》。

❼ 見鄭樵《通志・二十略・圖譜略・索象》。

❽ 見簡朝亮所纂《朱九江先生年譜》所引朱氏之〈講學大旨〉，《年譜》載《朱九江集》卷首。

❾ 此據民國五十五年十一月臺灣商務印書館影印康有爲所撰《中庸注》末所附印之〈康南海傳〉。

❿ 同❶。

⑪ 見梁氏所撰《時務學堂劄記殘卷序》，載《飲冰室文集》卷三十七。

（此文原刊載於國立中興大學《文史學報》第十八期，民國七十七年三月出版）

# 八　康有爲《論語注》中之進化思想

## 甲　引言

清光緒二十四年（西元一八九八年），歲次戊戌，四月，變法維新，八月，政變阧生，康有爲藉英船掩護，自京脫走，逃往香港，稍後，遄赴日本，光緒二十五年己亥（西元一八九九年），康氏赴加拿大，轉往英國，二十七年辛丑（西元一九〇一年），赴馬來亞，二十八年壬寅（西元一九〇二年），居印度大吉嶺，續成《論語注》，時康氏四十五歲。❶

康氏於《論語注・序》中，嘗謂《論語》一書，「記孔門師弟之言行」，「稱諸弟子，或字或名，唯曾子稱子，且特敍曾子啓手啓足事，蓋出於曾子門人弟子後學所纂輯也」，「而曾子之學，專主守約」，故《論語》所記，「但傳守約緒言，少掩聖仁之大道，而孔教未宏矣」，故「《論語》之學，實曾學也，不足以盡孔子之學也」，且夫西漢之後，經學既有今文古文之分，劉歆又以僞經，篡亂聖作，以至《論語》古義，孔子大道，掃地且盡矣。❷

康氏以爲，「《論語》本出今學，實多微言，所發大同神明之道，有極精異者」，於是撰《論語注》，「正僞古之謬，發大同之漸」，俾於「孔學之大，人道之切，亦庶有小補云爾」，是以康氏此書，其不類於世之注名物、考訓詁、辨異誼、依文以釋義者，而別有寓意存焉，從可知也。

光緒十年甲申（西元一八八四年），康氏撰《禮運注》，光緒十九年癸巳（西元一八九三年），康氏撰《孟子爲公羊學考》、《論語爲公羊學考》，光緒二十二年丙申（西元一八九六年），康氏撰《春秋董氏學》，光緒二十七年辛丑（西元一九〇一年），康氏撰《春秋筆削大義微言考》，其於傳統之進化思想，則已體悟漸深。❸

光緒二十二年丙申（西元一八九六年），嚴幾道所譯赫胥黎《天演論》稿成，先以之示梁啓超等人，此書闡釋達爾文、斯賓塞爾以下之進化理論極詳，❹康有爲由其弟子梁啓超之引介，亦嘗獲讀是書，❺則其於進化論中之「物競天擇」、「適者生存」諸義，亦當有較爲深刻而會心之體味，固可斷言。

康氏既於《春秋》與《禮運》等傳統舊籍，有所闡明，又於西洋新說，別有會意，兩者交融互滙，因而形成其獨特之因時進化思想，且用此思想，以詮釋古籍，以印證心得，此在《論語注》中，其例尤不罕見。

以下，即就康氏《論語注》中，推其用心，鈎稽條理，以章明康氏假藉《論語》，而欲闡揚其因時進化之思想也。

## 乙　本　論

## 一、基本觀念

康有爲於《論語注》中，雖則隨文疏釋，以闡發其進化思想，然而，亦自有其基本之觀念存焉，康氏於《論語・爲政篇》「子張問十世可知也」章注曰：

《春秋》之義，有據亂世、升平世、太平世，子張受此義，故因三世而推問十世，欲知太平世之後如何也，孔子之道，有三統三世，此蓋藉三統以明三世，因推三世而及百世也，夏殷周者，三統遞嬗，各有因革損益，觀三代之變，則百世之變可知也……蓋自據亂進為升平，升平進為太平，進化有漸，因革有由，驗之萬國，莫不同風，觀嬰兒可以知壯夫及老人，觀萌芽可以知合抱至參天……孔子生當據亂之世，今者大地既通，歐美大變，蓋進至升平之世矣，異日大地，大小遠近如一，國土既盡，種類不分，風化齊同，則如一而太平矣。

今案《春秋》隱公元年《公羊傳》曰：「所見異辭，所聞異辭，所傳聞異辭。」何休《注》曰：「於所傳聞之世，見治起於衰亂之中。」又曰：「於所聞之世，見治升平。」又曰：「至所見之世，著治太平。」此即《春秋》所謂三世之義，愈改而愈進者也，康氏於《論語》此章注中，即援《春秋》三世之義，以釋子張十世之問，以爲「人道進化，皆有定則」，而以孔子當據亂之世，以今日當升平之世，以未來當太平之世，此爲康氏進化思想之基本觀念，故康氏《論語注》中，論「三世」「進化」之義者雖多，而此章之注，實爲總綱，其他有關各章之注，不過分疏其要旨而已。康氏於《論語・雍也篇》「齊一變至於魯，魯一變至於道」

章注曰：

此言治法三世之進化也……蓋齊俗急功利，有霸政餘習，純為據亂之治，魯差重禮教，有先王遺風，庶近小康撥亂世，雖變僅至小康升平，小康升平能變，則可進至太平大同矣。〈禮運〉稱「大道之行與三代之英，丘未之逮而有志」，大道者，大同之道也，孔子志之久矣，故望之，當世唯齊魯二國，可次第進化，由據亂而升平，由升平而太平也，孔子期望之殷至矣

康氏於此章注中，仍以「三世」觀念，釋齊魯之「進化」現象，又以〈禮運〉之大道大同，爲孔子期望之最高理想，遂舉《禮記‧禮運》，而與《春秋》三世，相互配合，以成其「因時進化」思想之理論依據焉，故康氏亦謂，「孔子之道，以文明進化爲主」❻也。康氏於《論語‧子罕篇》「仰之彌高」章注曰：

今者于《春秋》得元統三世，讀〈禮運〉知小康大同，讀《易》而知流變靈魂死生陰陽。

此則康氏於《春秋》、〈禮運〉之外，又取《周易》與之相配合矣。康氏於《論語‧子罕篇》「可與共學，未可與適道」章注曰：

孔子之《春秋》，有據亂、升平、太平三世，〈禮運〉有大同小康，《易》有潛龍、見龍、飛龍、群龍無首，歸魂游魂，若執一而不知時中，則為拘儒小儒而害大道矣，故孔子之道，主于時，歸于權。

康氏自謂於《春秋》、〈禮運〉、《周易》之中，悟得孔子三世、大同、小康及群龍無首等變化原理，而其要，則在因時而漸進也，故綜合《春秋》、〈禮運〉、《周易》之進化思想，

而必歸結於「時中」之用焉，故康氏以爲，「孔子之道在時」❼，故孔子爲時中之聖也。

要之，依據《春秋》三世大義，進而配合〈禮運〉及《周易》，以闡明「進化」之思想，以章著「時中」之要義，此則爲康氏之基本觀念也，持此基本觀念，然後應用於政治、經濟、社會等方面焉。

## 二、政治方面

康有爲以其「三世進化」之基本觀念，應用於最直接者，厥爲論政治之因革變更，康氏於《論語．爲政篇》「爲政以德，譬如北辰」章注曰：

> 升平世，則行立憲之政，太平世，則行共和之政，天下為公，尊賢使能，講信修睦，人不獨親其親，子其子，老有終，壯有用，幼有長，貨惡棄地，不必藏于己，力惡不出，不必為己，人人共之，以成大同，故端拱而致太平，如北極不動，而衆星共繞而自圜行也，無他，唯天下為公，故無為而治也。

康氏論政，據《春秋》三世與〈禮運〉進化之說，以爲升平小康之世，僅能行立憲之政，太平大同，則可以行共和之政，蓋康氏以爲，「人道進化，皆有定位，自族制而爲部落，而成國家，由國家而成大統，由獨人而漸立酋長，由酋長而漸正君臣，由君主而漸爲立憲，由立憲而漸爲共和」❽，皆因時而逐步進化者也。康氏於《論語．八佾篇》「夷狄之有君，不如諸夏之亡也」章注曰：

> 蓋孔子之言夷狄中國，卽今野蠻文明之謂，野蠻團體太散，當立君主專制以聚之，據

亂世所宜有也，文明世人權昌明，同受治于公法之下，但有公議民主，而無君主，二者之治，皆世界所不可少，互有得失，若亂世野蠻，有君主之治法，不如平世文明，無君主之治法。

康氏持其進化之觀點，以論「野蠻」變爲「文明」，「據亂」變爲「太平」，「君主」變爲「民主」之政治思想，其弟子梁啓超，於所著〈論君政民政相嬗之理〉❾一文中，亦嘗闡發此義曰：「治天下者有三世，一曰多君爲政之世，二曰一君爲政之世，三曰民爲政之世。」又曰：「多君者，據亂世之政也，一君者，升平世之政也，民者，太平世之政也。」可取以爲康氏此說作佐證。康氏於《論語・八佾篇》「子謂〈韶〉，盡美矣，又盡善也，謂〈武〉，盡美矣，未盡善也」章注曰：

孔子明人道之公理，貴和親而賤征伐，尊大同而薄小康，舜者，天下為公，選賢與能，大同之道，民主之法也，武王者，作謀起兵，以正君臣，以立田里，世及為禮，城廓溝池以為固，小康之道，君主之法也。

康氏此注，以〈禮運〉之義說《論語》，故藉孔子論〈韶〉樂之言，謂舜爲大同「民主」之治，論〈武〉樂之言，謂武王爲小康「君主」之治，以比附其文明進化之論也。康氏於《論語・衛靈公篇》「無爲而治者，其舜也歟」章注曰：

蓋民主之治，有憲法之定章，有議院之公議，行政之官，悉由師錫，公舉得人，故但恭己無為而可治，若不恭己，則恣用君權，撓犯憲法，亦不能治也，故無為之治，君無責任，而要在恭己也，此明君主立憲及民主責任政府之法，今歐人行之，為孔子預言之大義也。

康氏以無爲而治，比附西歐之君主立憲，以至於民主政治之規模，然此二者，實我國古代所本無者，故康氏不得不推爲孔子之預言也。康氏於《論語‧八佾篇》「君子無所爭，必也射乎」章注曰：

> 進化之道，全賴人心之競，乃臻文明，禦侮之道，尤賴人心之競，乃能圖自存，不然，則人道退化，反于野蠻，或不能自存，而併于强者……物必有兩，而後有爭，故禮必分為兩黨，人必禦侮而後能圖存，故必爭心寓于射禮……禦侮圖存，尚恥求勝，兩黨迭進，人道之大義，孔子之微意也……今各國皆立議院，一國之禦侮決于是，一國之圖存決于是，萬國之比較文明定于是，兩黨之勝負迭進立于是，以爭而國治日進而不敢退，以爭而人才日進而不敢退……故議院以立兩黨，而成治法，真孔子意哉！

康氏以進化之論，繫於人心之「競」，以釋此章「爭」字，以爲唯有人心相「競」，乃能促使文明進化，禦侮圖存，進而以爲國家之政，當有兩黨，當有議院，以共謀國政之日進而不已也，康氏於此章注中，假孔子「其爭也君子」之言，而申其「立憲」之義，其所謂「以立兩黨」、「兩黨迭進」，亦皆發揮此義者也。

要之，康氏據其「三世進化」之觀念，以申論其政治思想，故主張當由君主專制，逐漸進化於君主立憲，再進化而至於民主政治也，康氏且又認定，當今之時，僅至於升平之世，故僅能論「立憲」，不得言「共和」，此則康氏因時進化之政治思想也。

## 三、經濟方面

康有爲持其「因時進化」之觀念，亦應用於經濟興革方面，如康氏於《論語·述而篇》「奢則不孫，儉則固，與其不孫也，寧固」章注曰：

孔子尚文，制禮從文……若華美而合于禮，為文而非奢，孔子所尚矣……財者泉也，以流轉為道，若尚儉，則財泉滯而不流，器用窳而不精，智慧窒而不開，人生苦而不樂，官府壞而不飾，民氣偷而不振，國家瘦而不强，孔子尚文，非尚儉也，尚儉則為墨學矣，後儒不善讀此章，誤以孔子惡奢為惡文，于是文美之物皆惡之，歷史所美所貴儉德，中國文物，遂等野蠻，則誤解經義之禍也。

康氏以爲，孔子尚文，非尚儉也，惡奢，非惡文也，是以爲文合禮，即孔子所貴者也，必如此，方能自野鄙而逐步趨於文明，此亦立足於「進化」觀點，以論孔子之經濟思想者也，《論語》此章，影響於國人兩千年來經濟財富奢儉之觀念者，實甚巨大，康氏從而闡明精義，指斥弊端，不失爲有識見。康氏於《論語·八佾篇》「禮，與其奢也，寧儉」章注曰：

世愈文明，則尚奢愈甚，若于三代，珠盤玉敦之時，而必反之汙尊抔飲，生番野蠻之俗，以致人道之退化，非止事不可行，亦大失孔子意矣……《公羊》稱孔子為文王，蓋孔子為文明進化之王，非尚質退化者也，宋儒不通此義，以敝車羸馬為賢，公孫布被相率為儉，蘇軾所謂「儉者陋風，有損國體」，豈唯國體不美，實令人道退化，今中國之文明不進，大損所關，豈細故哉，宋賢因國力壓制，俸入甚薄，其不能不尚儉，勢也，若遂說為孔法，以為俗化之定論，以損退文明，此則不可不明辨也。

「世愈文明，則尚奢愈甚」，此亦康氏所持「文明進化」之一理也，此論不僅針砭宋人尚儉之陋風，亦與今日經濟消費之理論相符合焉。康氏於《論語・泰伯篇》「禹，吾無間然矣，菲飲食而致孝乎鬼神，惡衣服而致美乎黻冕，卑宮室而盡力乎溝洫」章注曰：

禹奉身極儉樸，而飾于宗廟朝廷者，極文明，不役民力以奉己，故築宮極卑，唯竭己力以濟民……不以尚儉失文明……然中國宮室卑污，頗原于此，其有峻宇雕牆者，則後儒引以為戒，此未通古今之故也……若後世已用雇役，而君主已行立憲，則國體所關，文明所在，以工代施，愈能峻宇雕牆，愈益窮民，愈壯國體……卑宮但據亂世之一統耳，文明世則改之。

康氏謂禹之卑宮室，影響於後世者甚巨，然而卑宮室者，特據亂世之現象也，至於文明日進，則當峻偉宮室，以壯國體，此即專以「進化」之觀念，以言經濟之建設也，至於謂時至立憲，雇用力役，不過牽就康氏之政治思想以言者而已。

要之，力主「進化」，反對「損退文明」，深惡「人道退化」，為康氏經濟思想中之基本觀念，據守甚堅，牢不可破者也。

## 四、社會方面

康有為持其「因時進化」之基本觀念，於《論語注》中，亦時時推其理論，應用於社會思想方面，如康氏於《論語・公冶長篇》「子貢曰，我不欲人之加諸我也，吾亦欲無加諸人」

章注曰：

> 子貢不欲人之加諸我，自立自由也，無加諸人，不侵犯人之自立自由也……子貢嘗聞天道自立自由之學，以完人道之公理，急于推行于天下，孔子以生當據亂，世尚幼稚，道雖極美，而行之太早，則如幼童無保傅，易滋流弊，須待進化，至升平太平，乃能行之……近者，世近升平，自由之義漸明，實子貢為之祖，而皆孔學之一支一體也。

康氏於此章注中，藉子貢之言，以論「自由」之義，然亦以「進化」觀念，爲之權衡，故乃以爲，世至升平太平，方能行「自由」之事也。康氏於《論語·學而篇》「有子曰，其爲人也孝弟」章注曰：

> 此章為撥亂世立義，孔子立教在仁，而行之先起孝弟，有子立教之意，以孔子生非平世，躬遭據亂，人道積惡，自人獸並爭之世，久種亂殺之機，無論何生，觸處迸發，加逢亂世，險詖詐謀百出，機械亂種既深，何能遽至太平大同自由之域，孔子因時施藥，必先導之以和順，而後可殺其險機，又必先自其至親，誘其不忍之心，然後可以推恩同類，以動其同胞之愛，故撥亂之法，先求小康，而後徐導大同，孝弟者，先導其一家之小康，而徐推于天下之太平，此蓋治教必然之次序也。

康氏以爲，遭逢亂世，不能遽達太平大同自由之域，故必先求一家之小康，方能徐而導至天下之太平，故乃以爲，人必先親其一家之親，然後方能推恩同類，以親於他人之親，此亦由親親之義，逐漸「進化」而至於仁民之境者也。《論語·憲問篇》記：

子路問君子，子曰：「修己以敬。」曰：「如斯而已乎？」曰：「修己以安人。」曰：「如斯而已乎？」曰：「修己以安百姓，修己以安百姓，堯舜其猶病諸。」

康氏《注》曰：

姓者種族也，百姓猶云萬種，如今之白、黃、黑、棕，各種族人也，不分種族，皆與安平，此堯舜猶病不能，極言其難也，安人，小康之治也，安百姓，大同之治也。

百姓之「姓」，康氏以「種族」釋之，其義遂由中國百姓之民衆，擴而至於舉世一切之人種，故得以「小康」「大同」，分釋此章「安人」與「安百姓」也，以仁存心而言，此則較諸前章推己及人，親親仁民，又加大矣，而人我之際，等視齊同之義，益加以廣遠無疆，寖寖乎進至於種族平等之境矣。康氏又於《論語·雍也篇》「子貢曰：如有博施於民，而能濟衆」章注曰：

博、普也，民、人也，衆、物也，病、不足也……博施于民已極難，博濟衆生為尤難，不殺衆生之義，亂世升平，未能行之，須至人人平等之後，至人物平等之時，太平世之太平，乃能行之，堯舜為民主之聖人，道太平之時，猶未能行人物平等之道，而戒殺放生，故猶病諸也……博濟衆生之義，亦孔子欲行之于太平之後者，而子貢驟欲行之，進化有次第，當據亂之世，去此甚遠，實未能一超直至也。

三人成衆，衆本指人，而康氏於此章注中，謂衆爲物，乃分別「博施」指人民，「濟衆」指生物，遂由「仁民」而漸進於「愛物」，因而遂亦引入「人物平等」、「戒殺放生」之意義，以比附據亂、太平之境域，主要目的，則在闡明其「進化有次第」之基本觀念也。康氏又於

《論語・述而篇》「子釣而不綱，弋不射宿」章注曰：

衆生原出於天，皆為同氣，故萬物一體，本無貴賤，以公理論之，原當戒殺，唯進化有次第，方當據亂世時，禽獸偪人，人尚與禽獸爭為生存，周公以驅虎豹犀象為大功，若于時倡戒殺之論，則禽獸遍地，人類先絕矣，孔子去周公不遠，雖復愛物，先當存人，未能保人，安能保禽獸，故歲時制狩蒐之禮，外以祭祀賓客，內以習武禦外，皆亂世不得已之事也，孔子知其不可，而時未能戒殺，故為之禁限，釣而不綱，弋不射宿，皆于殺物之中，存限制之法，……蓋進化有漸進，仁民有漸進，愛物亦有漸進，此皆聖人所無可如何，欲驟進而未能者……佛氏大慈，早行戒殺，然發之過早，未能行也，印人染其風，至不踐蟻，而歲為虎狼食者萬數，蓋未當其時而早行太平，其失甚矣……他日大地皆一，人民太平，仁民之化既盡，則當進至愛物。

康氏以為，人與衆物，雖係同氣，亦應戒殺，以共趨文明，然進化之跡，當有次第，故當據亂之世，仍未能戒殺，而僅存限禁，及至太平之世，文明大同，乃可戒殺生，是以仁民愛物，義有次第，時至太平，乃可漸求「人物平等」之義，故文明日盛，亦當「漸進」，而不可求諸「驟進」之途也。

要之，康氏論親親仁民愛物，以至自由平等諸大端，亦皆據其「因時進化」之基本觀念，以為詮釋，故康氏之社會思想，亦不能出於其基本觀念之外也。

## 丙　結　語

清光緒二十四年戊戌（西元一八九八年），政變既作，康有爲出走海外，光緒二十七年二十八年（西元一九〇一年及一九〇二年），康氏撰成《春秋筆削大義微言考》、《孟子微》、《中庸注》、《大學注》、《論語注》等書，❿是時也，維新雖已失敗，然康氏融會中西之進化思想，已益趨成熟，其於君主立憲政體之理論，亦愈形完密，故於上述多種著述之內，亦時時闡發其基本之見解焉。

《論語》一書，康氏所注，既非客觀之疏釋本義，亦非措意於章句之要旨，實則別有用心，而另闢蹊徑者，其於討論「進化」思想方面，約有三端，可得而言：

其一，則賦予新義，俾使古代舊籍，能適應時代需要，具備新穎之價値也。

其二，則推闡新理，俾使自身思想，得以調和融會，而別具特色也。

其三，則尋求根據，俾使君主立憲，變法維新，於因時進化方面，得有理論之依據，既不違於新潮，亦復於古有徵，而能益堅其變法之信念，亦求益堅國人之信念也。

綜上三端，則是康氏於《論語注》中，所抒發之要旨也，義既在斯，故其於《論語注》內，遂不免有引申過遠、曲解正文、強經義以就己見者存焉，是以康氏此書，視以爲《論語》本義之確詁，誠屬非是，視以爲康氏個人思想之記錄，則當爲極具歷史意義之撰著矣。

晚近學人，探討康氏思想，其泛論康氏之進化觀念者，爲數較多，其專就康氏一書，以分析康氏進化之觀念者，以余所見，僅黃俊傑先生〈從孟子微看康有爲對中西思想的調融〉一文⓫，堪稱精詣，今草此篇，則專論康氏《論語注》中之進化思想者也，其於探究康氏學術，或亦不無小補之哉！

## 附注

❶ 此據楊克己所編《民國康長素先生有爲梁任公先生啓超師生合譜》，民國七十一年臺灣商務印書館初版。
❷ 《論語注》，據《萬木草堂叢書》本。
❸ 同❶。
❹ 此據王蘧常所撰《嚴幾道年譜》，民國六十六年臺灣商務印書館臺一版。
❺ 同❶，又梁啓超《飲冰室文集》第一册〈與嚴幼陵先生書〉曰：「《天演論》云……南海先生讀大著後，亦謂眼中未見此等人。」可以參證。
❻ 見《論語注》卷三頁八。
❼ 見《論語注》卷十頁十二。
❽ 見《論語注》卷二頁十一。
❾ 見《飲冰室文集》第二册。
❿ 同❶。
⓫ 見中央研究院近代史研究所主編之《近世中國經世思想研討會論文集》，民國七十三年出版。

（此文原刊載於國立中興大學《文史學報》第二十期，民國七十九年三月出版）

# 九　劉師培《攘書》探究

## 甲　引言

劉師培字申叔，江蘇儀徵人，生於清光緒十年甲申（西元一八八四年），卒於民國八年己未（西元一九一九年），享年三十六歲。

光緒二十九年癸卯（西元一九〇三），劉氏年方二十，前往上海，得與章炳麟、蔡元培等人相識，時晚清政局腐敗，國勢益衰，列強割據，迫於眉睫，劉氏目擊危亡，志存匡濟，遂乃主張，攘除清廷，光復漢室，因遂更名「光漢」，並著《攘書》，用申排滿革命之志。❶

《攘書》一卷，凡十六篇，此書卷首，劉氏題詞，自謂「攘字，即爲攘夷之攘，今《攘書》之義，取此」，書中內容，則力張民族大義，攘斥滿州朝廷，其思想之大膽，議論之新穎，於民國肇造之歷史過程中，實當有其應具之地位存焉。

## 乙　探究

《攘書》之中，劉氏分別自地域、種族、歷史、文化、學術諸端，申論其「驅滿」之義，《攘書・華夏篇》嘗曰：

漢族初興，肇基西土，而崑崙峨峨，實為巴科民族所發跡，吾觀《山海經》一書，知古代神聖所居，大抵在崑崙附近……近者亞歐錯壤，載籍東來，謂華夏舊名，起於花國，吾謂花國之稱，卽大夏一音之轉，而諸夏之名，當由大夏轉被，由諸夏轉為諸華，致支那震旦之稱，皆由此起，而要之，皆西方所傳入也……而外域所流傳，或概以蒙古之名，或錫以契丹之號，遺書莫考，舊跡誰稽。❷

劉氏於華夏篇中，所以提出華夏民族，乃由崑崙山西來之說，推其用意，則是強調「蒙古」「契丹」，所有稱謂，不足以代表華夏民族之名號，且其民族，亦不足以作爲中夏土地之主人，由是而論，則滿清女眞之稱謂，遂更不能代表華夏民族之名號，其民族，亦更不能作爲中夏土地之主人，唯有華夏民族，光復故土，以「大夏名國，以自別於四夷」❸，方屬天與人歸之正理，此即劉氏自「地域」「種族」兩端，以申其排滿之理由也。《攘書・夷裔篇》亦曰：

自孔子言「裔不謀夏，夷不亂華」，而華夷之防，百世垂為定則，及讀《公羊傳》，其曰：「進夷狄於中國。」又何稱焉，劉光漢曰：《公羊》之言，美中國之用夏變夷也，孔子之言，慮後世之用夷變夏也……其曰，用夏變夷者，所以使無禮義者，化為有禮義耳……然據此以蕩華夷之界，則殊不然。

又曰：

夫《春秋》進夷狄之文，非蠻族所能託，觀於戎伐凡伯，春秋刺之，則歷朝之戎禍，不得謂非蠻夷猾夏之變局矣，煽榛狉之俗，滅禮義之風，率獷悍之群，抑神明之胄，華夏之稱未改，而華夏之實已非，炎黃有靈，吾知其不享此土矣。

劉氏先引孔子闡釋《春秋》之言，以爲夷夏之大防，乃千古之定則，縱使《公羊傳》獎掖四夷，進於文明，化於禮義，亦不可用夷變夏，破壞華夷界域，因是，自《春秋》大義觀之，則滿清以異族而入主中夏，域內景況，早屬變局，「華夏之稱未改，華夏之實已非」，故「夷狄猾夏」，其事已然，是以亟待炎黃子孫，齊心奮起，驅除蠻夷，光復國土也。《攘書·夷種篇》曰：

船山王先生有言：「夷狄之於中國，厥類均也，中國不自畛絕夷，則地維裂矣。」（《黃書·原極篇》）大哉言乎，可謂識華夷之別矣，夫天地獷悍之氣，鍾於殊俗，肖形稟氣，與中土殊，譬如草木，區以別矣，吾觀汝長《說文》，區夷裔之種為六，南方蠻閩從虫，北方狄從犬，東方貉從豸，西方羌從羊，而字之從人者，僅僰人僬僥東夷而已，試卽許氏之義擴之，而從虫之字曰蜑曰巴，從犬之字曰玁狁，曰獯粥，從豸之字曰貘，從羊之字曰羯，夷裔之稱，歷歷可紀，循名責實，事豈無徵，蓋炎黃之裔，厥唯漢族，九州而外，皆屬遐荒。

又曰：

《禮記》有言，今人而無禮，雖能言，不亦禽獸之心乎，今以無禮義之人，斥為異類，不亦宜乎，後世中原不競，韃虜憑陵，鳥跡獸蹄，交於中國，神州赤縣，莽為牧場，

> 人禽之界，蕩然泯矣。

劉氏既由船山之言，以區分華夏民族與四夷民族之差異，亦以區分地域之差異，且進而以爲，炎黃後裔，唯有漢族，其他邊裔民族，並屬蠻夷，而中原之與四裔，各有定居之所，不可混淆，惜乎後世，漢族衰弱，蠻夷交侵，以至異類而無禮義之人，入主中夏，神州因是淪胥，最爲痛心。劉氏自此段議論之中，自然引向滿清以異族而入居中原，故冀望喚醒漢族，明此慘痛，同仇敵愾，起而推翻滿廷，以達成驅逐韃虜之目的也。

《攘書・苗黎篇》中，劉氏進而指出，「上古之初，亦各以種類區貴賤」，又據〈堯典〉之文，取「平章百姓」、「黎民於變時雍」，加以區分，以爲「百姓者，乃貴族及公民也，黎民者，異族之民，乃賤民及奴隸也」，以爲中夏民族與四裔民族，原本有此差異，以強調中原爲華夏民族世居之地，而四裔民族，若苗黎等，久已定居邊裔，不宜淆亂，如此方能符合自然之形勢也。《攘書・胡史篇》曰：

> 昔在春秋之際，荆吳徐越，割土稱王，而孔子作《春秋》，則黜之為子，其在禮曰：「東夷北狄，西戎南蠻，雖大曰子。」又曰：「《春秋》不稱楚越之王喪。」所以斥僭偽之萌，而立中外之防也，馬班以降，四裔之傳，附於史册之末，使蠻夷大長，不復與中土抗列，《春秋》貶絕之義，賴此不墜。

劉氏先由孔子《春秋》之義，評議四夷君長，土地雖大，一律稱之曰「子」，以防僭僞，而分別中外，又稱馬遷班固，《史》《漢》各書，爲四夷立傳，僅附最末，是眞能秉持《春秋》之精神，而加以發揚者也，〈胡史篇〉又曰：

自五胡搆亂，中原板蕩，元魏嗣興，蠶食北土，齊周繼之，奄有淮漢，炎黃餘裔，不絕如縷，唯江南一隅，保存文物，史臣無識，南北並書，則是齊宗周于荊越，而等蜀漢於魏吳矣，豈不舛哉！

劉氏認爲，五胡亂華之後，北方淪夷，晉室東渡，華夏文化，賴以續存，而後世史官，不學無識，不知正史筆削褒貶繼業之意，竟分別撰爲《南史》《北史》，等量齊觀，由是而正統正朔之大義，從此斷絕，〈胡史篇〉又曰：

夫蠻夷猾夏，是為偽朝，延壽操筆削之權，固當繼崔浩之志，以光直筆於天壤，使穢德彰聞，終古不泯，顧乃等夷於華，隱惡揚善，甚至效顰索虜，以斥南土為島夷，《春秋》之義，蕩然泯矣，善乎所南鄭先生之正統辨也，謂《北史》之名，宜降為《胡史》以黜之，《南史》之名，宜褒為《正史》以崇之，大哉言乎，吐詞為經矣。

劉氏於李延壽所撰《北史》，深罪其不別華夷，諂諛北朝，甚且斥江南爲島夷，最失《春秋》分辨華夷之大義，是以劉氏特爲推崇鄭思肖所持正統之論，主張「南史」「北史」，宜更名爲「正史」「胡史」，俾以勘定尊卑，以分別是非也，〈胡史篇〉又曰：

史義不明，非一日矣，存勖敬瑭，沙陀之餘孽也，乃與梁周並衡，遼金蒙古，漠北之賤族也，乃與宋明並列，其興也，則文致虜酋為神聖，而蹈德詠仁，其亡也，若惜其大運之已乖，而留連憑弔，歐陽修宋濂之罪，豈可逭乎！

劉氏於李延壽之撰著《北史》，不能秉筆直書，堅持正統，既深責之，又於歐陽修宋濂二人，亦深責之，以爲二人所撰之《五代史》與《元史》，實亦不識大體，附和僞朝，同屬推波助瀾，增長錯謬，以致誤導世人，不辨正統者也，要之，劉氏於正統之絕續，最爲關心，亦最爲痛心，故劉氏以爲，「宋丙子之後，無正統者幾百年，明甲申之後，無正統者又三百年，其所謂史者，乃胡史而非華史」❹，劉氏且又沈痛表示，「長夜漫漫，待旦無期」，「孔子有言，夷狄有君，而不如諸夏之亡，值此諸夏無君之日，宜倣西國紀年之例，以黃帝降生爲紀年」❺，此種強調華夏正統之觀點，目的則在呼籲百姓，起而革命，推翻滿清，光復故土也，其於《攘書》之首，劉氏且親身力行，大書「黃帝降生四千六百十四年十二月劉光漢識」❻，此在當時，實亦勇氣可嘉，言行一致，難能而可貴者也。《攘書．帝洪篇》曰：

中國之亡也久矣，一亡於癸亥臺灣之淪，再亡於甲子金陵之覆，吾民何辜，竟困厄於此極耶？吾觀魏晉以降，中原沉淪，草澤遺民，恥臣虜族，挺而走險，以冀徼幸於萬一，功雖不成，其所樹立，亦足表見於天下。

癸亥之役，指清康熙二十二年（西元一六八三年），施琅引清兵攻佔臺灣，鄭氏覆亡，大明正朔終訖之事，甲子之役，指清同治三年（西元一八六四年），曾國荃拔金陵，洪秀全自殺，太平天國覆亡之事，而劉氏於太平天國之覆滅，尤深致其哀痛之情焉，〈帝洪篇〉又曰：

及虜焰既衰，洪王崛起，以匹夫之力，為天下倡，張撻伐於殷武，振大漢之威聲，義旗所指，力掃胡塵，江淮以南，復為淨土，雖所經郡邑，多出灰燼之餘，然改正朔，易服色，與言揚之科，布鬻廟之會，蠲繁除苛，與天下相更始，觀於檄虜之文，諭民之制，百世之下，猶凜然有生人氣，胡焰既張，南都傾覆，湘粵遺民，至湛族殞身而不悔，則其志亦足多矣。

太平天國事件，劉氏以民族立場而持其論，故於洪秀全之光復江南，定鼎金陵，改正朔，易服色，乃盛爲推尊，以爲眞能振大漢之聲威，而一掃胡塵與羯氛者也，〈帝洪篇〉又曰：

　　嗟乎，粵西興甲，與濠泗同，天國開基，詎遜明室，乃史官秉筆，清議流傳，一則崇之如帝天，一則目之為僭竊，致崛起之真王，不得與蕭梁趙宋諸朝，同列於正統，不亦大可悲耶！

劉氏自華夷之辨，以論太平天國，是以謂洪楊起義，事同朱明抗元，而於洪秀全，則推之爲「眞王」，稱之爲「天帝」，奉之爲「正統」，蓋自華夏立場，以論滿清，自不容不有此議論也，反之，其於曾左彭胡諸人，一則曰，「湘楚諸臣，棄順就逆，作胡虜之干城，墜中興之大業」，再則曰，「湘軍諸公，於滿族則爲功臣，於漢族則爲逆黨」，三則曰，「讀而農晚村之書，能無愧歟」❼，蓋亦不容不有此評議也，然亦千古定論，豈能改之哉。《攘書・鬻道篇》曰：

　　嗟乎，夷狄之入我中國也，據其大地山河，竊其子女玉帛，久假不歸，烏知非有，已可悲矣，其尤甚者，至並竊先王之至道……以氈裘之虜，自擬中國之聖王，非唯竊其治統也，且並竊數千年之道術，不亦大可悲耶，雖然，此皆漢土士大夫之咎也，中國賤儒，昧於中外之防，作夷狄戎蠻之羽翼，不惜竊聖賢之道，以文致虜酋為聖賢……故許衡魏象樞之罪，上通於天者也。

劉氏以爲，夷狄入主中國之後，習儒術、學漢儀、從華化，「豈眞知聖道之尊哉？不過以漢土之法，還治漢土耳」❽，故雖名尊先聖，而實暗恣私心，以欺惑愚衆，是不唯竊其治統，亦且竊其道統矣，而中國士大夫之無恥無識者，又從而因私利以導引之，以壞倫常，以隳風俗，故劉氏以爲，「古人以鬻地與夷者，謂之賣國，今以數千年道學之傳，視爲徼利希榮之具，喪心失志，罪不容於死矣」❾，蓋亦以爲，士大夫之無恥，謂之國恥，不爲過也。《攘書・變夏篇》曰：

> 吾嘗循梁豫之郊，眺大河南北，以稅駕幽冀之野，見夫文化淩夷，風俗獷悍，椎鈍騃戾，等於殊俗，蓋不勝今昔之感矣，夫江淮以北，古聖宅居，文物聲名，洋溢中土，而江漢以南，古稱荒服，湘粵滇黔，苗蠻窟宅，贄幣言語，不與華同，曾幾何時，吳楚之間，浸向禮義，為文教藪，迄於南海不衰，而冀州堯舜餘民，則混混若太古，豈地運今古之不同耶？何南北之殊轍也，曰，是為夷禍之故。

劉氏以親身目睹所驗，勘察華北地區與江南地區，深感其文化風氣，經已古今異宜，截然不同矣，追究緣由，而歸結於夷狄居之，故爲禍之深，有如此者，因之，劉氏不僅自歷史上區別華夷之分辨，亦自地理文化風俗禮義之盛衰上，以區別華夷之分辨，及其優劣與影響，用以促醒民衆，敵視滿廷也，〈變夏篇〉又曰：

> 燕趙之地，古稱多感慨悲歌之士，而衣冠文物，萃於中州，函關以西，又天府膏腴甲天下，居今思古，何風流歇絕，亦至於此極，蓋胡虜煽亂中原，甲姓避亂南遷，故冠帶之民，萃居江表，流風所被，暨於楚粵，回顧中州，唯有荒荒大陸，人獸雜居而已，不亦重可嘆哉！

又曰：

大抵秦漢之世，華夷之分在長城，魏晉以來，華夷之分在大河，女真以降，華夷之分在江淮，使神州之民，仍偷息苟生，日與夷族相雜處，吾恐百年之後，必凌滅至於無文，而蔑不夷矣，千年以降，將生理殄絕，反之太古之初，而蔑不獸矣。

劉氏據地理南北之區分，以爲文化盛衰之表徵，此等區分，細加覆按，雖非事實，然而，劉氏目的，本在於以民族之感情，作革命之呼聲，鼓舞民心，起而反滿，是以「回顧中州」，「荒荒大陸，人獸雜居」，「漢唐區宇，黃炎子孫，惓言顧之，潸然出涕」⑩一類之詞語，其能深具動人心魄之力量，可以想知矣。

《攘書》十六篇中，除上述所引各篇之外，如〈溯姓篇〉，乃就姓氏譜牒，以論華夷之區分，〈瀆姓篇〉，則力斥異族冒姓之誣謬，〈辨姓篇〉，則申論宜當詳辨虜夷本族所自出，〈罪綱篇〉，則深斥三綱之說爲不可信，進而以論平等民權之可貴，是皆有意於華夷之分辨，足以羽翼革命排滿之議論者也，其他如〈周易篇〉、〈孔老篇〉、〈正名篇〉等，則係專論學術，而與攘斥夷狄，光復故土，較無直接之關涉者也。

要之，《攘書》雖僅一卷，然而立論精闢，文字凝鍊，方之古人著述，則船山《黃書》、《噩夢》、《俟解》之流亞也。

## 丙　結　論

清季儀徵劉氏，累世以經學稱，申叔先生曾祖文淇，祖毓崧，伯父壽曾，均以治《左氏春秋》，享名道咸同光之間，父貴曾，亦以經術，有聲鄉里，劉氏少承先業，服膺漢學，博聞強記，勤奮精敏，其於《左氏》《周官》，致力最深，而尤能以《春秋》大義，明夷夏之防，《周官》禮制，植人倫之本，癸卯之歲（民國紀元前九年），年方弱冠，即至上海，撰成《攘書》，昌言排滿，其後，又鳩合同志，創立《警鐘報》，自任主筆，以光復漢族，爲其職志，復與鄧秋枚黃晦聞等，出刊《國粹學報》，亦時明種族之義，丁未之春（民國紀元前五年），往走日本，入同盟會，每於《民報》之中，刊布文字，擯斥東胡，其有功於民國之肇造者，爲不淺矣。⑪惜乎劉氏爲人，「獨苦年少氣盛，喜受浸潤之譖」⑫，又體素羸弱，「雖淵靜好書，而心實內熱，時乃盡棄所學，以詭隨流俗，以致晚節末路，不能自脫」⑬，終爲佞人牽引，名列籌安勸進會中，附和袁氏帝制之議，出處進退，頗遭譏議，後雖遠離時政，專意學術，不幸仍以肺疾纏身，英年早逝，卒時年僅三十有六，所爲著述，神解精識，創論極多，嗣經友人南桂馨等所刊刻者，已達七十四種，其勤敏至可驚人，蔡元培先生嘗論之曰：「向使君委身學術，不爲外緣所擾，以康強其身，而盡瘁於著述，其所成就，寧可限量，惜哉」⑭，可謂知人之言矣。

劉氏生值清季末葉，隸籍揚州，其於清廷腐敗，滿族殘暴，感受或較他人，尤爲深切，⑮加以精研故籍，服膺孔子《春秋》之教，嚮慕船山梨洲志節，⑯故能於清廷勢力仍在，康梁等人倡言保皇變法之際，而盛張排滿之說，以文字作革命之先聲，激揚士氣，亦難能矣。

《攘書》之作，今日視之，自屬情感充溢，激烈過當，書中議論，不盡符於史事，然在當時，四百兆同胞，猶淪溺於異族統治之下，一旦得睹此作，陡聆斯言，昌大光復之義，不啻石破天驚，其於人心之震撼，可以想見，實當與章炳麟之《訄書》、鄒容之《革命軍》、陳天華之《警世鐘》、《猛回頭》、《獅子吼》等，同爲鼓吹中興之重要文獻，而並垂不朽也。

章炳麟之《訄書》，刊行於光緒二十八年（西元一九〇二年），鄒容之《革命軍》，陳天華之《警世鐘》、《猛回頭》，劉師培之《攘書》，皆刊行於光緒二十九年（西元一九〇三年），唯陳天華之《獅子吼》，刊行稍遲也⑰。以文字言，鄒氏陳氏之作，通俗曉暢，又或以彈詞體爲之，富戲劇性，易於流傳，而劉氏之作，淵懿典雅，則當於知識分子群中，發揮其巨大之號召力量也。然而，民國成立以後，追懷往烈，其於鄒氏陳氏各書，並屬張大其影響，推崇其重要，而於劉氏《攘書》，則率多不一及之，⑱因人廢言，事豈公允，亦非實錄，故敢考之載籍，轉爲表出，俾供世人參稽云爾。

## 附注

❶此據錢玄同所撰〈左盦年表〉，載《劉申叔先生遺書》卷首。

❷《攘書》有上海原刊本，已不易得，此據民國二十五年寧武南氏校印《劉申叔先生遺書》本，下引並同。

❸見《攘書・華夏篇》。

❹見《攘書・胡史篇》。

❺見《攘書・胡史篇》。

❻《左盦外集》卷十四有〈黃帝紀年說〉一文，嘗曰：「黃帝者，漢族之黃帝也，以之紀年，可以發漢族民族之感覺。」又曰：「（康梁）借保教爲口實，胡用孔子降生爲紀年，吾輩以保種爲宗旨，故用黃帝

降生爲紀年。」

❼見《攘書・帝洪篇》。

❽見《攘書・鬻道篇》。

❾見《攘書・鬻道篇》。

❿見《攘書・變夏篇》。

⓫參張繼汪東分別所撰之〈《劉申叔先生遺書》序〉。

⓬見章炳麟所撰〈與孫仲容書〉，載《劉申叔先生遺書》卷首。

⓭見尹炎武所撰〈劉師培外傳〉，載《劉申叔先生遺書》卷首。

⓮見蔡氏所撰〈劉君申叔事略〉，載《劉申叔先生遺書》卷首。

⓯清代揚州府轄江都、甘泉、儀徵、興化、寶應、東台六縣，及高郵、泰州二州。劉氏博覽故籍，「揚州十日」，「嘉定三屠」，當必早已熟記胸中矣。

⓰錢玄同所撰〈《劉申叔先生遺書》序〉曰：「劉君于癸卯年（一九〇三）至上海……于是續黃氏《明夷待訪錄》而作《中國民約精義》，續王氏《黃書》而作《攘書》。」

⓱此據章炳麟《太炎先生自定年譜》（香港龍門書局一九六五年出版）、《革命先烈先進詩文選集》第一冊之「鄒容選集」與「陳天華選集」（民國五十四年中華民國各界紀念國父百年誕辰籌備委員會出版）所記載者。由是亦知，劉氏《攘書》與鄒容《革命軍》，同年出版於上海，且均屬劉鄒二人二十歲時之作品也。

⓲如鄒魯之《中國國民黨黨史稿》、張其昀之《中華民國史綱》、《黨史概要》，黨史會出版之《革命人物志》、《開國五十年文獻》，中華民國各界紀念國父百年誕辰籌備委員會出版之《革命先烈先進詩文選集》、《革命先烈先進傳》，於劉氏其人其書，皆不言及。

（此文原刊載於國立中山大學《第一屆清代學術研討會論文集》，民國七十八年十一月出版）

# 附錄一 林景伊先生對於清代學術思想之闡述與評論

## 甲 引言

瑞安林師景伊先生，在他所撰著的《中國學術思想大綱》❶一書之內，對於我國歷代的學術思想，曾經作出了全面性的闡述與評論，其中自然也論述到清代的學述思想，另外，林師景伊先生，對於清代有關的學術思想，還撰有〈清代學術思想史引言〉❷、與〈顧炎武之學術思想〉❸兩篇專論，因此，景伊先生對於清代學術思想的重視，應該是毋庸置疑的。

在前述的那册專書以及兩篇專論之中，林師景伊先生對於清代的學術思想，曾經提出了許多闡述性以及評論性的意見，這些意見，對於清代學術思想的研究，往往有著不少富於啓發性的創解，非常值得學者們去加以珍視。

以下，就將林師對於清代學術思想方面的意見，略事枚舉，分析於後。

## 乙　分析

### 一、對於清代學術思想形成原因的探討

我國學術思想的變遷，由宋、元、明代的理學，轉變到清代的學術，其間的原因，歷來也有不少的學者，提出了探索的意見，舉其較有代表性的，約可分爲三類，例如章太炎先生在《訄書‧清儒篇》中曾經說道：

> 清代理學之言，竭而無餘華，多忌，故歌詩文史楛，愚民，故經世先王之志衰，家有智慧，大湊於說經，亦以紓死，而其術近工眇踔善矣。[4]

梁任公先生在《清代學術概論》中說道：

> 清代思潮，果何物耶？簡單言之，則對於宋明理學之一大反動，而以「復古」為其職志者也。[5]

余英時先生在〈從宋明儒學的發展論清代思想史〉一文中也曾說道：

> 從思想史的觀點看，我們不能把明、清之際考證學的興起，解釋為一種孤立的方法論的運動，它實與儒學之由「尊德性」轉入「道問學」，有著內在的相應性。[6]

又在〈清代思想史的一個新解釋〉一文中說：

> 貫穿於理學與清學之間有一個內在的生命……晚明的考證學，是相應於儒家發展的內

在要求而起的。❼

對於清代學術思想所以異於宋、元、明三朝，而有特殊形成的原因，章太炎先生以為是受到清廷的高壓所致，梁任公以為是出於對宋明理學的反動，余英時先生則是從思想發展的內在理路，去探索清代學術形成的原因。

林師景伊先生在〈清代學術思想史引言〉一文中，曾經針對清代學術思想形成的原因，提出了三項重點：

1. 對於宋明理學反動，故以實事求是為鵠的，而以復古為職志。
2. 受政治勢力之影響，言多忌諱，故考證之學，遂盛極一時。
3. 歐西文化輸入，故天算之學興，而治學方法，亦因而改良。

林師景伊先生所提出的三項原因，第一項，與梁任公先生所主張的因素相同，第二項，與章太炎先生所主張的因素相同，第三項，則似乎尚未有人曾經加以提到，固然，梁任公先生在他的《中國近三百年學術史》中，曾經提到「明末有一場大公案，為中國學術史上應該大筆特書者，曰，歐洲歷算學之輸入」，「在這種新環境之下，學界空氣，當然變換，後此清朝一代學者，對於歷算學都有興趣，而且最喜歡談經世致用之學，大概受利（瑪竇）、徐（光啓）諸人影響不少」❽，但卻不曾將「歐西文化輸入」，與清代學者治學方法之間的關係，加以討論，林師景伊先生則說道：

自此之後，學者遂有潛心測算，以期發揚光大我國舊文化，如王錫闡之精思推步之理，於中西兩家異說，皆能條其原委，考其得失，梅文鼎遇「天算學」書之難讀者，必求其說，至廢寢食，考正古代曆法，發明新法算書，而期天算之學，簡而易明。於是梅文鼎、梅以燕、劉湘湰、方中通等，相繼而起，而史學大師黃宗羲、考證學大師江永、戴震、孔廣森、焦循等，亦皆善於此道，黃宗羲啓閻若璩、胡渭辨僞之風，江永、戴震創經學皖派，考證之學，因而大盛。且皖派考證方法之善，尤為他家所不及，條理清晰，而發明特多，此與歐西文化輸入，亦不無影響。

林師景伊先生將歐洲天算之學的輸入我國，以至於辨僞考證之學的興盛，從治學方法方面，尋找出影響的關係，這一看法，卻是前人所不曾討論到的。

對於清代學術思想變遷而異於宋明理學的原因，直到最近，余英時先生才從學術發展的內在理路，作出了許多精闢的解釋，但是，在太炎先生、任公先生之後，早在民國五十年代初期，景伊先生對於清代學術思想變遷，即已提出一些新穎的見解，他的見解，直到今天，仍然是值得人們去深思的。

## 二、對於清代學術思想先導大師的表彰

清代學術思想的先導大師，一般都推崇顧炎武、黃宗羲、王夫之、與顏元四人，林師景伊先生也不例外，在他所撰著的專書及專篇之中，對於顧、黃、王、顏四人的學術與行徑，也都特別加以表彰，在《中國學術思想大綱》一書之中，他對於顧炎武，特別說道：

炎武立身之宗旨，與教人之原則，莫不以「博學於文」、「行己有恥」相箴勵。故孜孜汲汲，學唯恐不足，行愈益自勉，於是破理學以挽明末之頹風，立經學而啓清代之

考證，至其一生論述，與國家政治、民生利病無關者，蓋罕有焉。

對於黃宗羲，特別說道：

> 其治史也，不偏於一方，而條理井然，明古今治亂興亡之跡，有所論議，必具體而近實際。其論經也，力闢河洛方位圖説之非，啓胡渭《易圖明辨》之端，著《授書隨筆》，則為閻若璩《偽古文尚書疏證》之先導，至於《明夷待訪錄》之作，以民利民福為民生之主，民本民有為民權之質。論建都則主南京，論財計則廢止金銀貨幣，論土地「則使民能耕而皆有田可耕」，影響所及，遂啓清代「革命」、「排滿」之風。

對於王夫之，特別說道：

> 夫之深惡當時王學之空疏，而欲反之於程朱，故其為學，喜言性與天道，而力斥主觀之玄談，又求切實而致用，因亦致力於史學。

對於顏元，特別說道：

> 為學力主實踐，對於宋明理學，皆加攻擊，而於程朱尤甚。漢儒之訓詁，魏晉之玄談，釋老之虛無，與夫一切幻想冥思，徒耗精力，無益實際者，元皆斥之不遺餘力，生平以六藝教人，著〈存學編〉、〈存人編〉、〈存治編〉、〈存性編〉，慨然有救世之志，而其學之苦行精神，則有似於墨翟。

林師景伊先生對於顧、黃、王、顏四人學術思想的闡述，不但提要鉤玄，言簡義賅，同時，也將四人的行徑志節，表彰得恰如其分。而在清代學術思想先導大師四人之中，林師景伊先生，對於顧炎武的學術志節，也特別表示了更多的推崇之意，在〈顧炎武之學術思想〉一文之中，林師說道：

炎武既以「博學於文」、「行己有恥」，為其立身之宗旨，故自少至老，未嘗一廢書，雖行旅之間，亦悉以書自隨，博古徵今，以求有益。蓋以天地之大，萬類之衆，以至於一身之舉錯禮儀，皆須學而後能明，非空言可所得而解也。

又說：

歷覽二十一史，十三朝實錄，天下圖經，前輩文編說部，以至公移邸抄之類，矯正明人空疏之弊，而反求之於實學，辨析名物，窮源究委，深切不苟，不為夸大之言，而期學有以致用，故終能為一代之儒宗也。

又說：

其學愈博，而其行愈峻嚴，不附貳臣門下，以求苟免於危急；不受異族之延致，以謀榮利於當時；流離顛沛，奔走四方，淫暴之威，不能屈其金石之志，鼎貴之甥，不能移其遯跡之心，明社不復，終至於客死他方，此豈非其「行己有恥」之志乎！

又說：

其立身之不苟，風格之嚴峻，誠足使百代之後，猶受其感動。嗚呼！歷覽前代，言理學者每嫌虛疏之病，言經學者每有無行之譏，炎武獨能以「博學於文」、「行己有恥」之教，為一代之倡，而立身行事，尤能遵之不違，苟非聖哲，孰能至於此哉！

以上所舉林師之言，不過擇其大要，而炎武之學術氣節，經林師所表彰，不禁使人愈益深信，顧君爲學立身，經師人師，一以貫之，形象精神，清晰如見，要之，在清代學術思想先導四大師之中，林師對於炎武先生，最爲敬重，表彰也最爲用心，較之坊間一般學術思想史而言，似乎也更能把握顧君的學術精神，立身大節，林師對於顧君，甚至以「聖哲」之名相稱，他對顧君的欽仰之情，深刻可知。

## 三、對於清代學者治學精神與方針的闡揚

清代學者的治學精神，重客觀，反虛玄，基本上，與宋明理學家的治學態度，有著很大的差異，梁任公先生在《清代學術概論》一書中曾經說道：

有清學者，以實事求是為學鵠，饒有科學的精神，而更輔以分業的組織。

又說：

綜觀二百餘年之學史，其影響及於全思想界者，一言以蔽之，曰：「以復古為解放。」

又在《中國近三百年學術史》中說道：

這個時代的學術主潮是，厭倦主觀的冥想，而傾向於客觀的考察。

胡適之先生在〈清代學者的治學方法〉一文中也曾說道：

中國舊有學術，只清代的樸學，確有科學的精神。

又說：

漢學家的歸納手續不是完全被動的，是很能用假設的，……他們用的方法，總括起來，只是兩點：1.大膽的假設。2.小心的求證。假設不大膽，不能有新發明，證據不充足，不能使人信仰。[9]

林師景伊先生在〈清代學術思想史引言〉一文中，對於清代學者治學的方針與精神，曾經提出了兩項重點：

1.「徵實」之方針，清代學者，類皆有之。

2.「勤勉」之精神，清代學者，尤為普及。

對於前一項「徵實」方面的重點，林師景伊先生舉出了顧炎武的「留心當世之故，實錄奏報，手自鈔節，經世要務，一一講求」，「事關民生國命者，必窮源溯本，討論其所以然，足跡半天下，所至交其賢豪長者，考其山川風俗，疾苦利病，如指諸掌」❿，「游歷所至，以二馬二騾，載書自隨，至西北阸塞，東南海陬，必呼老兵退卒，詢其曲折，與平日所聞不合，即發書檢勘」⓫等等事項，作爲證明；也舉出了顏元的「正德利用厚生曰事，不見諸事，非德非用非事也，德行藝曰物，不徵諸物，非德非行非藝也」⓬的意見，作爲證明；也舉出了段玉裁所說的「自古聖人制作之大，皆精審乎天地民物之理，得其情實，綜其終始，舉其綱以俟其目，具其利而防其弊，故能奠安萬世」⓭的話語，作爲證明，以證清儒爲學，仍以徵實致用，作爲追求的最高目標。

對於後一項「勤勉」方面的重點，林師景伊先生舉出了顧炎武的「精力絕人，無他嗜好，自少至老，未嘗一日廢書」，黃宗羲的「十九二十時，讀二十一史，每日丹鉛一本，遲明而起，雞鳴方已，二年而畢」，「平生勤於著述，年逾八十，尚矻矻不休」，洪亮吉的「雞膠膠則隨暗影以披衣，燭就㧞則攜素册以到枕」，以及「顏元、李塨之勤於實事，閻若璩、胡渭之承顧、黃而勤於考證」⓮，作爲例證，以說明清代學者的勤勉精神。

要之，清代學者以「徵實」爲治學之方針，以「勤勉」爲治學的精神，經過林師景伊先生的闡揚，不僅得以更爲彰明於世，也可以作爲後人效法學習的榜樣。

## 四、對於清代學術思想名稱的命定

我國兩千餘年傳統的學術思想，學者們的研究論述，依時代而分，大體多稱之爲「孔子與六經」、「先秦諸子」、「兩漢經學」、「魏晉玄學」、「隋唐佛學」、「宋明理學」；至於清代的學術思想，學者們的稱名，卻很不一致。

對於清代的學術思想，有人稱之爲「漢學」，像江藩的《漢學師承記》，便是以「漢學」一名，去稱呼清代的學術思想。

另外，對於清代的學術思想，有人稱之爲「考證學」，像錢賓四先生的《國學概論》、程師旨雲先生的《國學概論》，便都是以「考證學」去稱呼清代的學術思想。同時，與「考證學」相似的名稱，還有「考據學」與「樸學」。

另外，對於清代的學術思想，有人稱之爲「經世學」，章學誠在《文史通義・浙東學術篇》中曾經說道：「史學所以經世。」後世遂多以明末清初顧炎武、黃宗羲、王夫之、顏元等所倡導的學術爲「經世學風」。

另外，對於清代的學術思想，有人稱之爲「實學」，例如何佑森先生有〈明末清初的實學〉一文，大陸學者辛冠潔等曾撰有《明清實學思潮史》一書，便都是以「實學」之名，稱呼清代的致用之學。

對於以上的這些異名，我們不妨稍作檢討：

首先是「漢學」，漢學一名，本來應指兩漢學術而言，但是，後人既以清代學術，能夠恢復漢儒治學的精神，所以也稱清代學術爲「漢學」，像江藩在清末，便撰有《漢學師承記》一書，不過，江氏此書，本來是稱爲《國朝漢學師承記》，在「漢學」之上，加以「國朝」二字，說明是指清代的漢學，爲了尋覓其師承而作之記，名稱上也才稍無語病，但是儘管如此，就在當時，龔自珍已經提出了「漢學」之名不妥的十大理由，對於江藩加以駁斥。[15]

其次，討論到「考證學」或「考據學」的名稱，其實，清代學術思想的發展，大約可分爲三個階段：第一個階段，是由顧炎武、黃宗羲、王夫之、顏元等人所代表的經世致用之學；第二個階段，是由惠棟、戴震、王念孫、段玉裁等人所代表的訓詁考證之風；第三個階段，是由莊述祖、宋翔鳳、劉逢祿、魏源、康有爲等人所代表的今文派經學。因此，「考證學」的名稱，究實而言，也僅僅只能代表清代中葉乾、嘉年間的一個學術主流，如果要用它去涵攝清初及清末的其他學術，則未免是以偏概全，名不副實了。同樣的道理，以「經世學」之名稱去涵攝清代的全部學術思想，也是不甚適合的。

至於「實學」之名，「實」字，本來是與「虛」字相對，只是，學術之事，何者爲實？何者爲虛？由於人們主觀的影響，也很難認定，往往立場不同，見解便也相異。當然，近來不少學者討論到明、清的「實學」時，是以「經世致用」的行爲去說明「實學」的內容，然而，如果以清初以及清末的經世致用之學爲「實學」，則乾、嘉時期的經傳考證之學，似乎便不符合「實學」的內容，也不能涵攝在「實學」的名稱之內了。

因此，在名稱的問題上，清代學術思想所遭遇的困難，確實比其他時代，要來得多些。林師景伊先生在他所撰的《中國學術思想大綱》一書之中，將清代的學術思想，稱之為「徵實學」，對於「徵實學」這一名稱，他解釋道：

> 所謂徵實者，徵之於今，求實事於當時；徵之於古，求實證於典籍。清初諸大師，發憤慷慨期光復我中國；或徵於實事，或徵於古籍，皆求所以致用也。

又說：

> 乾、嘉諸君子，避文網之嚴，隱晦埋光，自保餘年，於是經世之志衰，而徵古之學盛，考覈經籍，辨別真偽，古典奧義，因而大明；雖不能躬致於實踐之途，然其所學，考之於古而有徵，傳之後世可以信。

又說：

> 道光、咸豐以降，文網漸疏，加以歐西文化輸入，至此大盛。治學方法，既因而改良；而徵實之道，亦相得益彰。故治《公羊》學者，復趨於切近時務之言。至康有為泯夷夏之見，武斷經術，雖大違清初諸大師發憤慷慨之旨，然思依古為據，自飾其政論，亦徵實風氣之所趨也。

林師以為，清代的學術思想，有一種徵實的方針，徵實的精神，貫串其中，這種追求實證的方針精神，在清代初期，學者們是希望將這種實證的精神，應用在經世濟民的方面，等到清代中葉，文網嚴密，於是學者們不得不將這種實證的精神，應用到考覈古籍方面，至於清代晚期，今文《公羊》之學興起，學者們藉著求證於古籍，因而議論政情，才又將這種實證的精神，回復到經綸世務方面，要之，林師景伊先生認爲，清代學術思想演變的三個階段之中，一直都具有這種追求實證的精神存在；換言之，他認爲清代學術思想的發展過程，清代學者們治學的方法之中，自始至終，都貫串著這種追求明證、不尙空言的徵實精神，（雖然，這種精神的適用對象，容或不同。）因此，他才將清代的學術思想，命名爲「徵實學」。

平心而論，「徵實學」的名稱，既能夠貫串清代學術思想的全面發展，也能夠兼顧到清代學術思想各個階段的差別內容，更能夠彰明清代學術思想演進的內在精神，對照著一些其他的名稱來看，以「徵實學」命之爲清代學術思想的總名稱，確實是一種比較中肯的稱呼。

## 丙　結　論

林師景伊先生重視清代的學術思想，在清代的學者群中，又特別崇敬顧君炎武，也有其特殊的原因存在：一方面，林師本身治學的淵源所自，可以推溯到深受顧炎武的影響，另一方面，顧炎武的人格事功，正是林師景伊先生所最感欽佩的，因此，在心理上，自然也就容易產生認同效法的感情。

林師景伊在《中國學術思想大綱》書中，論到清代經學「正統派」的流變時，曾經說道：「清代經學之正統派，崑山顧炎武實爲首創。」又說：「炎武倡舍經學無理學之說，教人以博學爲先，而求致用之道，於是學者漸知趨於舍華務實之途。」又說：「吳派始自惠棟，其學好博而尊聞。」又說：「皖派始自戴震。」「震教於京師，與化任大椿、仁和盧文弨、曲阜孔廣森，皆從問業，弟子最知名者，金壇段玉裁、高郵王念孫。玉裁爲〈六書音韻表〉，《說文》因之以明，念孫疏《廣雅》，以經傳諸子，轉相發明，諸古書義詰詘者，皆得理解，念孫授子引之，爲《經傳釋詞》，明古代詞氣，其小學訓詁之精，自魏以來，未嘗有也。德清俞樾、瑞安孫詒讓，皆承念孫之學，有所發明，番禺陳澧，亦精考據，近戴學。餘杭章炳麟，受業俞樾之門，尤能發揚貫通，而集其大成；與弟子蘄春黃侃，同爲民初言學術者所宗。」林師景伊先生，既承季剛先生之教，又親聞太炎先生之緒論，考其爲學，淵源所自，宜可以上溯至顧君炎武，其治學方法，治學精神，一脈相傳，自然深受顧君的影響。⑯

林師景伊先生，少年時期，就具有極爲強烈的愛國意識，民國二十六年夏天，日本侵略我國，神聖抗戰開始，林師時任教上庠，乃毅然棄去教職，獻身黨國，民國二十七年，擔任漢口市特別市黨部主任委員，其時國軍已撤離武漢，林師出入於敵前敵後，懷抱必死之決心，爲國奮鬥，屢建殊功，曾經六次承蒙總裁蔣公嘉勉，民國三十年四月二十五日，不幸爲敵人所執，羈赴上海，百端脅誘，終不少屈，在獄中並賦絕命詩，表明心志，詩曰：「此心同日月，此志擬冰雪，日月長光輝，冰雪終皎潔；昔思李郭功，今灑文山血，忠義分所安，慷慨成壯烈。」幽囚半年，才乘機脫身，繞道香港，奔赴重慶，因此，潘師石禪先生，即由是而將林師比作爲「今之蘇子卿、文信公」⑰；因此，林師景伊先生的立身大節，愛國情操，較之顧君炎武，實亦不遑多讓。也正因爲林師自己本身具有那一段愛國獻身、出生入死的經歷，所以，對於顧君的境遇心情，自然也體會得更爲深刻，因此，在心思志節，愛國抱負，都頗爲相似的情況之下，林師景伊先生，對於顧君炎武，在心理上，很自然地，便容易產嚮往認同、效法學習的感覺，而在彰明顧君的經世要旨，闡述顧君的學術思想之時，也就很自然地流露出崇仰敬重的心情。

平素閱讀林師景伊先生的著述，覺得他對於清代的學術思想，有不少珍貴的意見，足資傳述，所以才略事分析，加以表出，只是此文之作，疏漏之處，必定不少，還請大雅君子，指正是幸。

## 附注

❶《中國學術思想大綱》，初版於民國四十二年一月，由國民出版社印行。
❷文載《師大學報》第七期，民國五十一年六月出版。
❸文載《師大學報》第一期，民國四十五年六月出版。
❹《訄書》初版於一八九九年，此據世界書局民國六十年十一月再版本。
❺《清代學術概論》初版於民國十年，此據臺灣商務印書館民國六十六年二月臺一版，下引並同。
❻文載余氏《歷史與思想》一書，此據聯經出版公司民國七十一年七版本。
❼同❻。
❽《中國近三百年學術史》，初版於民國二十四年九月，此據臺灣中華書局民國四十七年六月臺二版本，下引並同。
❾見《胡適文存》第一集，此據遠東書局民國六十八年十一月臺版本。
❿見潘耒〈日知錄序〉。
⓫見江藩《漢學師承記》。

⑫ 見李塨《恕谷習齋先生年譜》。

⑬ 見段玉裁〈戴東原集序〉。

⑭ 並見林師景伊先生所著《中國學術思想大綱》。

⑮ 見龔自珍〈與江子屏牋〉，文載龔氏《定盦文集》卷三《補編》。

⑯ 高師仲華先生有〈章太炎先生之學術成就〉（載《孔孟學報》第五十八期）一文，文中曾經說道：「追溯章（太炎）、黃（季剛）學術的淵源，不能到高郵王氏爲止，還應上溯王念孫之師戴東原，並旁及其同門段茂堂。更應由戴東原而上溯江愼修，以及於淸初之顧炎武。」

⑰ 見潘師石禪先生爲林師《中國學術思想大綱》一書所撰之〈序〉文。

（此文原刊載于《林尹教授逝世十周年學術論文集》，民國八十二年六月出版）

# 二　清人讀書札記中之學術資料及其整理之途徑

## 甲　引言

用札記的方式記錄讀書研究的心得，起源很早，鄭玄的《毛詩箋》，就已經是札記的體裁❶，到了宋代，像王應麟的《困學紀聞》，黃震的《日抄》，都已經是極爲成熟的札記作品，不過，直到清代，札記形式的作品，才大量地出現，梁任公在《清代學術概論》中曾經說：「大抵當時好學之士，每人必置一箚記册子，每讀書有心得，則記焉。」又說：「當時第一流學者所著書，恆不欲有一字餘於己所心得之外，專著或專篇，其範圍必較廣泛，則不免於所心得外摭拾冗詞以相湊附，此非諸師所樂，故寧以箚記體存之而已。」❷讀書札記的體裁，基本上，並不對於所研讀的經典古籍，作出全面的疏釋，而只是對於古籍中的重要問題，作出重點研究，而記錄其成果，因此，札記中每條的字數，也許並不太多，外表上，也許較爲零散，但是，却往往能夠把握住問題的重心，以精簡的文字，考訂解釋，直抒心得，而提供了學術研究的寶貴資料。另外，歷代有些文人學士，以隨筆散記的方式，雜記異聞佚事，而與學術研究無關，則不在本文討論之列。

## 乙　清人讀書札記數量之估計

清人所著的讀書札記，分量非常龐大，我們可以依據以下幾種記錄，去估計它們的數量：

一、《清史稿・藝文志》

《清史稿・藝文志》卷一「諸經總義類」著錄朱亦棟《十三經札記》二十二卷、孔廣森《經學卮言》六卷、李惇《羣經識小》八卷、陳壽祺《左海經辨》二卷等一百六十五種札記作品，共一千六百一十六卷。

《清史稿・藝文志》卷三雜家類「雜考之屬」著錄顧炎武《日知錄》三十二卷、萬斯同《羣經疑辨》十二卷、何焯《義門讀書記》五十八卷、盧文弨《鍾山札記》四卷等一百八十一種札記作品，共一千九百七十五卷。

以上二類，共計三百四十六種，三千六百十一卷，多屬讀書札記的性質。（其中書有不分卷數者，則以一卷計算）

## 二、《皇清經解》及《續經解》

《皇清經解》於「諸經總義類」著錄江永《羣經補義》五卷、汪中《經義知新錄》一卷、王引之《經義述聞》二十八卷、錢大昕《十駕齋養新錄》四卷等六十三種作品，三百二十六卷。

《皇清經解續編》於「諸經總義類」著錄武億《羣經義證》八卷、俞樾《羣經平議》三十五卷、鄭珍《巢經巢經說》一卷、陳澧《東塾讀書記》十卷等三十一種作品，一百五十五卷。

以上二類，共計七十四種作品，四百八十一卷，大多屬於讀書札記的性質。

## 三、《續修四庫全書提要》

《續修四庫全書提要》於經部「五經總義類」著錄清人周象明《韋庵經說》一卷、戴震《經考》五卷、姚鼐《九經說》十七卷、劉台拱《經傳小記》三卷等二百九十二種作品，二千五百五十九卷。

《續修四庫全書提要》於子部「雜家類」雜考之屬著錄清人萬斯同《羣書疑辨》十二卷、全祖望《經史問答》十卷、王紹蘭《讀書雜記》一卷、張文虎《舒藝室隨筆》六卷等三十四種作品，共一百八十八卷。

以上二類，共計三百二十六種作品，二千七百四十七卷，多屬於讀書札記的性質。

四、《中國叢書綜錄》

《中國叢書綜錄》經部「羣經總義類」著錄清人李楷《霧堂經訓》一卷、閻若璩《潛邱札記》二卷、孫志祖《讀書脞錄》四卷、臧琳《經義雜記》三十一卷等一百八十種作品，共一千零二十八卷。

《中國叢書綜錄》史部《史評類」著錄清人王鳴盛《十七史商榷》一百卷、趙翼《二十二史箚記》三十七卷、錢大昕《二十二史考異》一百卷、洪頤煊《諸史考異》十八卷等三十六種作品，共三百七十七卷。

《中國叢書綜錄》子部「雜學類」著錄清人黃生《義府》二卷、邵晉涵《南江札記》四卷、梁玉繩《瞥記》七卷、桂馥《札樸》十卷等一百七十九種作品，共一千零六十五卷。

以上三類，共計三百九十六種作品，二千四百七十卷，多屬讀書札記的性質。要之，由上述四種記錄中所著錄的讀書札記數量，去除相互重複的書籍之外，估計約在三百種作品，兩千卷左右。

## 丙　清人所著讀書札記之內容與價值

清人讀書札記的內容，非常複雜，以下所論，僅能就其犖犖大者，略事枚舉，以見一斑。

## 一、校勘

清人讀書札記之中，最常見的，是校正文字的錯誤，例如《禮記‧經解篇》云：

> 故昏姻之禮廢，則夫婦之道苦，而淫辟之罪多矣，鄉飲酒之禮廢，則長幼之序失，而爭鬭之獄繁矣，喪祭之禮廢，則臣子之恩薄，而倍死忘生者衆矣。

王引之《經義述聞》卷十六云：

> 家大人曰，喪祭非所以事生，則喪祭之禮廢，亦不得言忘生，生當為先，字之誤也，喪禮廢，則民倍死，祭禮廢，則民忘先，《漢書‧禮樂志》曰：「喪祭之禮廢，則骨肉之恩薄，而背死忘先者衆。」顏師古曰：「先者先人，謂祖考。」《論衡‧薄葬篇》曰：「故曰喪祭禮廢，則臣子恩泊，臣子恩泊，則倍死忘先。」二書皆用〈經解〉文。

王念孫認爲〈經解〉此文，「生」字是「先」字的形近之訛，而加以校正。

## 二、訓詁

清人讀書札記之中，有關古義訓釋的部分，也很常見，例如《莊子‧天地篇》云：

> 孝子操藥，以修慈父。

孫詒讓《札迻》云：

修與羞古通，《儀禮・鄉飲酒禮》：「乃羞無算爵。」《禮記・鄉飲酒義》作「修爵無數」，是其例也，《爾雅・釋詁》云：「羞，進也。」

孫詒讓認爲修字古與羞字相通，因此，《莊子》此文，意思是指父親生病，孝子持藥，以進獻慈父之前。

## 三、義 理

清人讀書札記之中，闡發義理之處，也有很多，例如陳澧《東塾讀書記》卷二云：

《論語》說《易》《書》者少，《春秋》則更未論及，然有恆、無大過、思不出其位，《易》之精義也，孝友施於有政，《書》之精義也，巍巍乎舜禹之有天下也數章，及〈堯曰〉一章，論堯舜禹湯文武，《尚書》百篇，此提其要矣，晉文公譎而不正，齊桓公正而不譎，及天下有道，則禮樂征伐自天子出，祿之去公室五世矣二章，《春秋》二百四十二年之事，尤提其要矣，陳恆弒君，孔子請討，即在西狩獲麟之年，尤《春秋》之所以作也，經學之要，皆在《論語》中，故曰：「《論語》者，《五經》之錧鎋也。」（此趙邠卿〈孟子題辭〉語）

經學的要旨精義，《論語》中都已具含，陳澧的這一條札記，將此義發揮得相當透澈。

## 四、史 事

清人讀書札記之中，歸納史事之眞相者，也不在少數，例如趙翼《二十二史劄記》卷六

「關張之勇」條云：

漢以後，稱勇者必推關張，其見於二公本傳者，袁紹遣顏良攻劉延於白馬，曹操使張遼關羽救延，羽望見良麾蓋，即策馬刺良於萬人之中，斬其首還，紹將莫能當者。當陽之役，先主棄妻子走，使張飛以二十騎拒後，飛據水斷橋，瞋目橫矛曰：「身是張益德也，可來共決死。」敵皆無敢近者，二公之勇，見於傳記者止此。而當其時，無有不震其威名者，魏程昱曰：「劉備有英名，關羽張飛，皆萬人之敵。」（〈魏志・昱傳〉）劉奕勸曹操乘取漢中之勢進取蜀，曰：「若小緩之，諸葛亮明於治國而為相，關羽張飛勇冠三軍而為將，則不可犯矣。」（〈魏志・奕傳〉）此魏人之服其勇也。周瑜密疏孫權曰：「劉備以梟雄之姿，而有關羽張飛，熊虎之將，必非久屈為人用者。」（〈吳志・瑜傳〉）此吳人之服其勇也。不特此也，晉劉遐每擊賊，陷堅摧鋒，冀方比之關羽張飛。（《晉書・遐傳》）……

趙翼從史書中蒐羅了許多不同的資料，以說明關張二人的勇武，使人讀後，對於此一史實，認識更爲明白。

清人所著讀書札記的內容，包羅甚廣，除了上述校勘、訓詁、義理、史事諸項之外，還有名物考證、典制闡釋、古音辨識、修辭類例、習俗損益等項，大體而言，讀書札記的撰著，都以解釋古籍的正確意義、闡發古籍的微言要義爲目標，至於札記價值的高低，則要看札記中對於問題的選擇是否重要、以及研究所獲的結論是否正確而定，因此，儘管讀書札記之中有不少的斷垣碎壁，但是，精金美玉，也往往而在，至於如何去掏沙揀金，刮垢磨光，抉發幽隱，則在後人如何去從事整理與辨識了。

## 丁　清人所著讀書札記整理之途徑

清人所著的讀書札記，數量龐大，內容複雜，亟待加以整理，才能去蕪存菁，便於利用，整理的方向，據筆者構想，約有以下四項：

### 一、總目式的整理

清人所著的讀書札記，數量龐大，即就前述所列四種記錄而言，已逾兩三千卷，約三百種，因此，整理的首要工作，是將爲數衆多的書目，集於一處，覆檢原書，勘察內容，定其疑似，去除重複，然後略分類別，編爲總目，使得研究學術的人，一編在手，即可了解清人的讀書札記，有那些作品，有多少數量，因而得一比較完整的印象，有一全盤的認識。

### 二、提要式的整理

清人所著的讀書札記，各書內容，每不相同，各書價值，也多相異，如能蒐集各書，分由專家，撰寫提要，對於各書的作者生平、內容要旨、價值優劣、傳本刊刻，有一概括的說明，然後將各書提要，集爲一書，讀者一編在手，則可以若網在綱，按圖索驥，很方便地找到自己想要的札記資料，其實，《續修四庫全書提要》在這方面，已經進行了不少的工作，可供參考，今天，如果整理清人的讀書札記，根據第一項編定的總目，再爲每書撰寫提要，則對札記各書的了解，自然會有進一步的貢獻。

## 三、彙編式的整理

清人所著的讀書札記，分散在各處收藏，或分散在各種叢書之中，因此，如果能夠根據前述兩項整理的工作所得，將分散在各地的札記，彙爲一編，模仿商務館《叢書集成》、唐圭璋《詞話叢編》、嚴靈峯先生《老子集成》、《莊子集成》、《列子集成》等書的體例，出版「札記彙編」或「札記集成」，將各種札記，依第一項整理所得的總目先後，彙爲一編，並在書前，附錄第二項整理所得的提要，則對使用札記資料的學者，提供了最好的方便。

## 四、詁林式的整理

清人所著的讀書札記，內容遍及經史子集四部，但是，其中最主要的，仍然是針對一些重要的典籍，記錄研究的心得，像經部的《五經》，史部的前《四史》，子部的《老》《莊》《墨》《荀》等等，仍然都是討論考訂的主要對象，因此，如果能夠依據前述第三項整理所得的彙編資料爲主，以經史子集中一部一部專書爲重心，將各種札記中關於這一專書的研究資料，略依札記作者的先後，依次臚列於同一問題之下，（例如依《老子》八十一章的原次，將有關各章的札記，不加刪削，依序列出）模仿丁福保《說文解字詁林》、李孝定先生《甲骨文字集釋》、周法高先生《金文詁林》的體例，分別纂成一部一部專書的「詁林」，則對於學者們在研究時，必能有「檢一字而諸訓皆存，尋一訓而原書可識」❸的便利，其有功於學術的研究，是不待多言的。

以上四種整理清人讀書札記的途徑，只是個人一些初步的構想，同時，這些構想，即使可行，也希望能有研究機構，在人力物力許可的情形下，從事整理的工作。

## 戊　結　論

從學術研究的立場而言，清人所著的各種讀書札記，似乎仍然有不少未被學術界充分地利用，清末以來，一些「集大成」的著作，像朱謙之的《老子校釋》、楊伯峻的《列子集釋》、吳則虞的《晏子春秋集釋》、陳奇猷的《韓非子集釋》、《呂氏春秋集釋》等，對於清人所著讀書札記的資料，也仍然有所遺漏，而未能充分利用，因此，個人以爲，整理清人所著讀書札記，對於學術研究，仍然是一件非常重要的工作。

本文所以特別提出清人所著的讀書札記，作一斷代式整理的構想，一方面，是讀書札記的作品，到了清代，才大規模地出現，另一方面，民國以來的札記作品，正方興未艾，不易統計，其實，我們整理好了清人的讀書札記之後，自然也可以上取清代以前的作品，如王應麟的《困學紀聞》、黃震的《日抄》、胡應麟的《四部正譌》之類的札記作品，下取民國以來，諸如章炳麟、劉師培、劉文典、鍾泰、錢基博、楊樹達、陶光、聞一多、于省吾、高亨、朱桂曜、屈萬里、王叔岷、嚴靈峯、龍宇純等人的札記著作，彙爲一編，或就專書的詁林方式，分屬各書，以集其大成，則對於學術研究的貢獻，自然更爲鉅大。

## 附注

❶《說文》：「箋，表識書也。」鄭玄《六藝論》：「注《詩》宗毛爲主，毛義若隱略，則更表明，如有不同，即下己意，使可識別也。」

❷見《清代學術概論》頁一〇〇、一〇一，此據民國六十六年二月商務印書館臺一版。

❸見王引之《經籍纂詁•序》。

（此文原刊載於《國立中央圖書館館刊》新二十二卷第二期，民國七十八年十二月出版）

臺灣學生書局出版

# 文學叢刊

| | |
|---|---|
| ①李鴻章傳 | 李守孔著 |
| ②民國初期的復辟派 | 胡平生著 |
| ③史學通論 | 甲凱著 |
| ④清世宗與賦役制度的改革 | 莊吉發著 |
| ⑤北宋茶之生產與經營 | 朱重聖著 |
| ⑥泉州與我國中古的海上交通 | 李東華著 |
| ⑦明代軍戶世襲制度 | 于志嘉著 |
| ⑧唐代京兆尹研究 | 張榮芳著 |
| ⑨清代學術史研究 | 胡楚生著 |
| ⑩歐戰時期的美國對華政策 | 王綱領著 |
| ⑪清乾嘉時代之史學與史家 | 杜維運著 |
| ⑫宋代佛教社會經濟史論集 | 黃敏枝著 |
| ⑬民國時期的寧夏省（一九二九～一九四九） | 胡平生著 |
| ⑭漢代的流民問題 | 羅彤華著 |
| ⑮中古史學觀念史 | 雷家驥著 |
| ⑯嵇康研究及年譜 | 莊萬壽著 |
| ⑰民初直魯豫盜匪之研究（一九一二～一九二八） | 吳蕙芳著 |
| ⑱明代的儒學教官 | 吳智和著 |
| ⑲明清政治社會史論 | 陳文石著 |
| ⑳元代的士人與政治 | 王明蓀著 |
| ㉑清史拾遺 | 莊吉發著 |
| ㉒六朝的城市與社會 | 劉淑芬著 |
| ㉓明代東北史綱 | 楊暘著 |
| ㉔唐繼堯與西南政局 | 楊維眞著 |
| ㉕清代學術史研究續編 | 胡楚生著 |

國立中央圖書館出版品預行編目資料

清代學術史研究續編／胡楚生著.
--初版-- 臺北市：臺灣學生，民83
面；　公分.--（史學叢刊；25）
ISBN 957-15-0664-8（精裝）
ISBN 957-15-0665-6（平裝）.

1. 哲學 - 中國 - 清(1644-1912) - 論文, 講詞等

112.7　　　　83011507

清代學術史研究續編（全一冊）

著作者：胡楚生
出版者：臺灣學生書局
發行人：丁文治
發行所：台灣學生書局
臺北市和平東路一段一九八號
郵政劃撥帳號○○○二四六六八號
電話：三六三四一五六
FAX：三六三六三三四
本書局登記證字號：行政院新聞局局版臺業字第一一○○號
印刷所：常新印刷有限公司
地址：板橋市翠華街八巷一三號
電話：九五二四二一一九

定價　精裝新臺幣二二○元
　　　平裝新臺幣一六○元

中華民國八十三年十二月初版

11209


ISBN 957-15-0664-8（精裝）
ISBN 957-15-0665-6（平裝）